小学6年

教室内外の様子

「手の届く高さ」は子ども

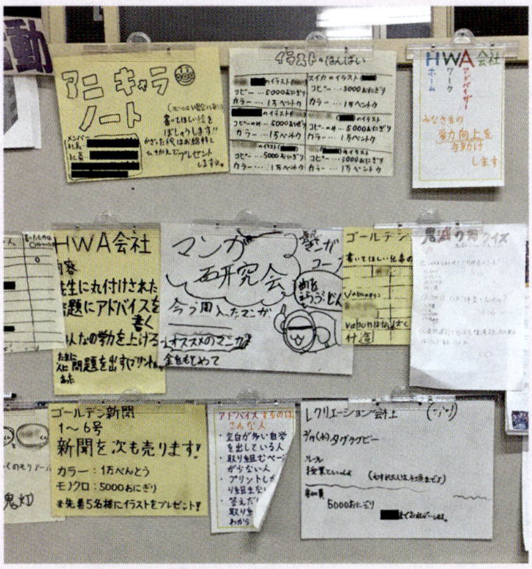

曲板（まげいた）ギャラリー

「手の届く高さ」は子どもたちに任せます。穴のあいた鉄製の曲板を画鋲で固定すると，磁石で子どもたちが自由に貼れる掲示板に早変わり。

マグネットクリップ

ノートも実物もあらゆるものを挟んで貼れます。

自分で入れる・取る・配る

自分たちのことを自分たちでできる教室環境の最重要ポイントが，「高さ」です。

教室内外の様子

「手の届かない高さ」は先生

3Ｄ学級目標

「手の届かない高さ」は先生が担います。インパクト大の場所です。学級目標は，上方を天井，下方を壁と傾斜をつける工夫で印象が変わります。

ガーランド掲示

フェス会場のような楽しさを演出する掲示法です。

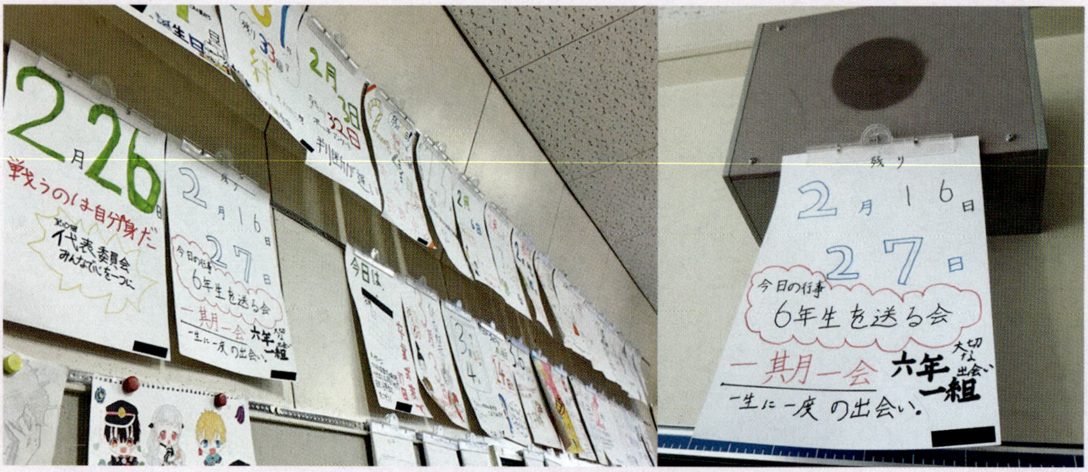

スピーカー掲示コーナー

日移動型カレンダーを，スピーカー掲示コーナーに移動すると際立ちます。

黒板の様子

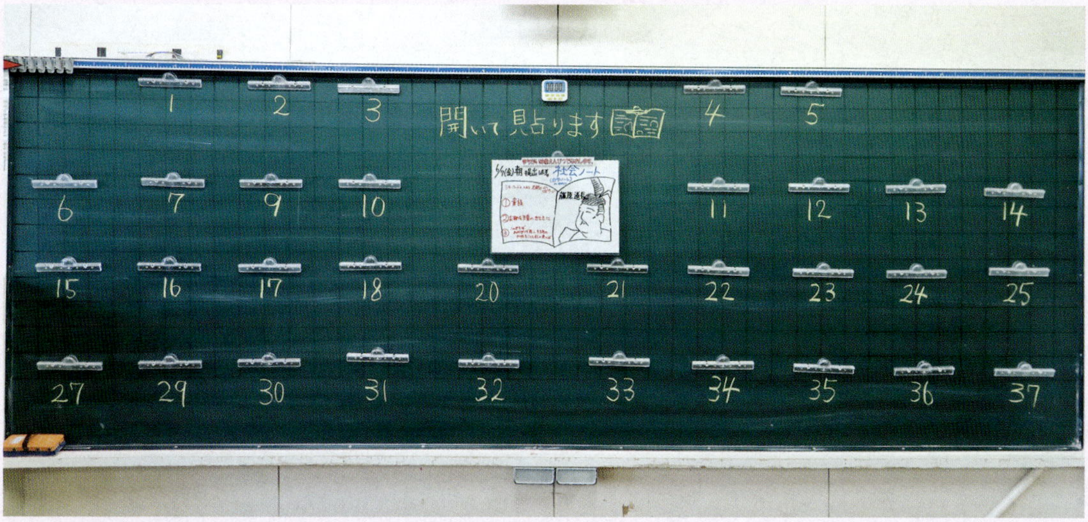

マグネットクリップギャラリー

ノートを黒板に貼ると交流が自然発生します。成果物を先生しか見ないのはもったいないです。

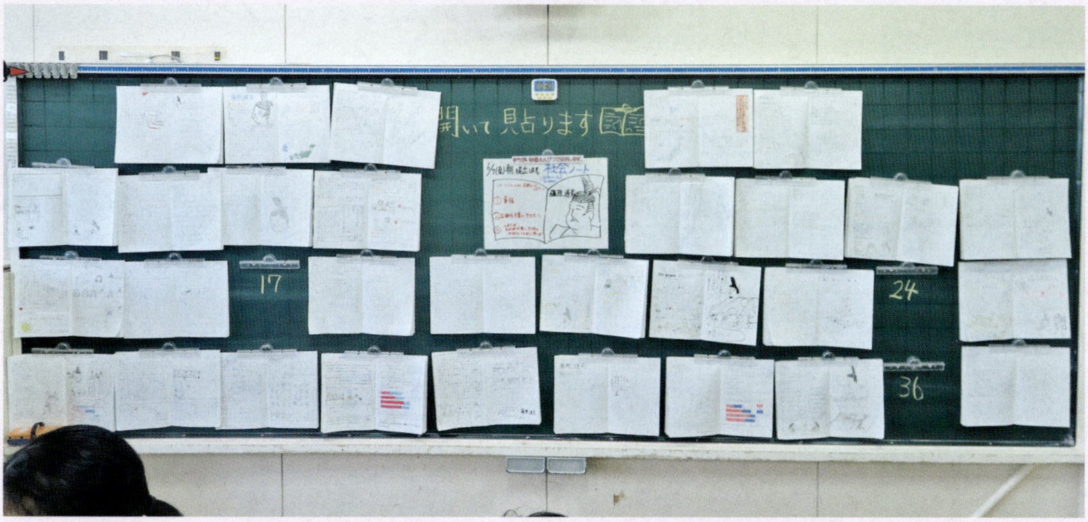

書きたてほやほやのノートも自分の手で即掲示物化

教室環境が感化を促します。曲板ギャラリーへ移動するだけで，ノートが知的掲示物に。

教室アイテム＆グッズ

紅白福引き BOX

赤から白，白から赤へと玉を移動するくじ引きです。誰が当たっても答えられるように学び合うことが当たり前になります。

三脚トレイ

端末などの簡易机に大活躍。専科授業のスマートなお供。集合写真の撮影機会も増えました。

軍手×40

行事準備もこれで安心◎特別な仕事をするぞ！とスイッチが入り，作業効率が爆上がりします。

苗トレー

回収かごはこれ一択。無料でもらえて無限に重ねられます。

鈴木　優太

ロケットスタートシリーズ★

小学6年の学級づくり&授業づくり 12か月の仕事術

鈴木優太 編
チーム・ロケットスタート 著
多賀一郎 協力

明治図書

シリーズ刊行に寄せて～かゆいところに手が届く一冊～

今，学校現場では，教員不足が全国的・慢性的になってきて，先生方に負担が重くのしかかっています。元々時間が足りなかったのに，休職者が出ても代わりの先生は見つからず，現場の先生方の仕事量がどんどん増えていくのです。

小学校の先生方は，一日にいくつもの教科を担当して，日々実践していかねばなりません。どの教科も完璧に準備をして臨むなどということ自体，至難の業です。

さらにここ数年，主体的・対話的で深い学び，個別最適な学びと協働的な学び，インクルーシブ教育，外国語・道徳の教科化など，新しい課題がどんどん増えてきています。タブレットも活用しなければなりません。これらの課題には，従来の教育，授業実践を踏襲することでは通用しないことが多く含まれています。

例えば，文部科学省の調査で，学級担任等が回答した学習面または行動面で著しい困難を示す児童生徒の割合が8.8％にのぼるなど，もはや発達障害などの特別な支援を必要とする子供への手立ては当たり前のことになりました。では，その子たちと共に学級づくりをするには，何が必要なのでしょうか。

全国学力テストが完全CBT（Computer Based Testing）化しようとなるなかで，現場ではタブレットを，いつ，どのように使っていけばよいのでしょうか。どの学年でタブレットをどの程度指導するべきなのかも考えていかねばなりません。

考えだすとキリがないくらいに課題が山積なのです。

このような状況下で，新しい学年を担任したとき，何をどうしたらいいのかと困惑する先生方も多いのではないでしょうか。

その戸惑いに応えるべくつくられたのが本シリーズです。

本シリーズは，学級開きから様々な教科の授業開きにはじまって，一年間を通した具体的な指導の在り方を示しています。

「困ったら，とりあえず，こうすればいい」

ということを中心に，各地の実践家に執筆していただきました。多岐に渡る課題にもていねいに対応できていると自負しています。

多忙な日々を送るなかで，手元に置いておき，必要に応じて活用できるシリーズです。

自信をもってお届けします。ぜひ，スタートにこの一冊を。

多賀 一郎

はじめに

> ６年生になったら　６年生になったら　夢100個叶うかな
> 100個のタネをまこう　心の畑に希望の　芽を出して　花咲かそう

童謡「一年生になったら」（作詞：まど・みちお，作曲：山本直純）の６年生版です。AI がわずか５秒で作詞しました。なかなか，味わい深い歌詞ですよね。「AI が先生になる日も近い」なんてニュースを見聞きします。先生方の肩にはこれまで以上に大きな期待と責任がのしかかっているのではないでしょうか？

しかし，問題ありません。どんなにテクノロジーが進化しようと，子どもたちに共感し，心に火を灯して共に成長していくことができるのは，やはり人間である私たちです。特に，小学６年生は，大人の階段を上る転換期。心身ともに大きく変化するなかで，先生方の存在が必要不可欠です。自信をもって子どもたちと向き合ってほしい。ただし，時間は有限です。

「卒業まであと〇日！」

小学６年生のクラスは，まるでカウントダウンが始まったロケットのようなもの。卒業というゴールを目指して，共に駆け抜ける一年となります。

この本は，そんなロケットスタートをきる小学６年生を担当する先生方のための一冊です。思春期へと向かう子どもたちと過ごす日々は，様々な課題にも直面することでしょう。これらの課題を乗り越え，小学校生活の特別な一年間を彩るノウハウを超具体的に紹介しています。社会の変化に即した新しい実践にも恐れずチャレンジしましょう。ユーモアあふれるアイデアや，うんうん頷けるエピソードを盛り込むことで，読みやすく，そして楽しく学べる一冊を目指しました。本書が，先生方のロケットの燃料となり，さらなる高みへと導く一助となれば幸いです。先生方と子どもたちとでまいたタネが，大きな花を咲かせる日は必ずやってきます。

さあ，一緒にロケットに乗って，最高の卒業式を目指しましょう！

編者　**鈴木 優太**

本書活用のポイント

6年生を担任する一年はとっても楽しい！

子どもたちとどんな一年を過ごすことができるのか，月ごとにどんなイベントや仕事があるのか，見通しをもち，わくわくできるように本書を構成しています。

学級づくり・授業づくりの基本をチェックしよう！

指導のポイント & 準備術

⇒ 12ページへ GO

ゴールイメージをもって12か月を見通そう！

学級づくりのポイント 今月の見通し

⇒ 70ページへ GO

学級づくりのポイント

4月 5月 6月 7・8月 9月 10月 11月 12月 1月 2月 3月

今月の見通し

4月

6年生＝最高学年を位置づける 学級の行動目標づくり

河村　裕晃

今月の見通し

学校行事
- 始業式・入学式…学年で入学式の準備
- 委員会・クラブ活動…学校のリーダーとして
- １年生を迎える会…全体の進行

家庭との連携
- 学年・学級通信…子どもと家庭とつながる装置
- 授業参観…保護者を最強の応援団に

学年・学級
- 学級開き
- 学年目標設定…学級経営の指針
- 個人目標設定…一人一人の願いを聴き合おう

他
- 修学旅行の下見…安全と学びを最大限に
- １年生のお世話…実は，６年生のため

始業式から，学校のために行動する場面が次から次へと訪れます。〇〇委員長や□□クラブ長は６年生が務めます。１年生の朝の準備の手伝いや，教室を代わりに掃除する仕事も担います。「最高学年」の自覚をもって行動できる６年生になるための実践を紹介しましょう。

学級の行動目標づくり！

学級のなかには，「６年生＝最高学年」と自覚をし，行動できる子がいます。どんな学級にも少なくとも２割はいます。自覚は目には見えません。目に見える行動ができることが重要です。だから，学級目標とは別に「行動目標」をつくります。行動の目標である点がポイントです。

070

今月の見通し

❶ 最高学年のイメージを聴き合う

「どんな最高学年になりたいか」を聴き合います。リーダーシップを発揮する立場であること，下級生を支える立場であることなど，思い思いに語る子どもたち。パスした子も，一通りみんなの考えを聴いた後だと言えることがほとんどです。自分たちの役割を認識するために必要な時間です。かっこつけた言葉である必要はありません。身体を正対して聴き合います。

❷ 掲示物を作る

一人一人が書いた紙を集め，掲示物を作成します。何人かでレイアウトを考えた後，自分が書いた紙を自分で貼ります。一人一人が貼り，掲示物を作成していくことで，最高学年の一員である自覚を促します。

模造紙に貼るとき，6-〇というレイアウトがおすすめです。

❸ 掲示物をもとに，学級の行動目標を考え，書き，掲示する

掲示物ができたら，それぞれが目指す６年生の姿に近づくための「行動目標」を出し合います。例えば，「低学年に一人一日１回以上声をかける」などです。ちょっとがんばればできそうな，シンプルなことがいいです。日直が行動目標のなかから一つを選び，朝の会で発表します。その日の「学級の行動目標」として全員で取り組みます。帰りの会でふり返り，90％の人が達成できたらシールを貼ります。個人の行動目標を個人任せにしない点がポイントです。学級のみんなで取り組むことで行動化が促されます。仲間と取り組むことで達成感が増し，自信がつきます。仲間と一緒に具体的に行動してみることで自覚は育っていくのです。

❹ 定期的に学級での行動目標を更新する

学級での行動目標は適宜更新します。２か月に１回など，期間は学級の実態に合わせて変えます。目指す６年生の姿をイメージしながら，「習慣化OK！」「続ける」「やめる」の三つに分類し，新しい行動目標を決めます。「習慣化OK！」の行動目標は，教室のなかに蓄積していくことで成長を実感することに役立ちます。最高学年としての行動と自覚を積み上げます。

【参考文献】
※ 如持勉監修『子どもがやる気になる！教室掲示とレイアウト　目的別アイデア集』ナツメ社

学級づくりのポイント　授業づくりのポイント

第３章　小学６年の学級づくり＆授業づくり　12か月の仕事術　071

最初が肝心！
一週間をバッチリ乗りきろう！

学級開き

⇒ 34ページへ GO

学級づくりは授業づくり！
子どもの心をつかもう！

授業開き

⇒ 46ページへ GO

学年の要所を押さえ
授業研究にいかそう！

授業づくりのポイント

学習内容例　身につけたい力＋指導スキル

⇒ 166ページへ GO

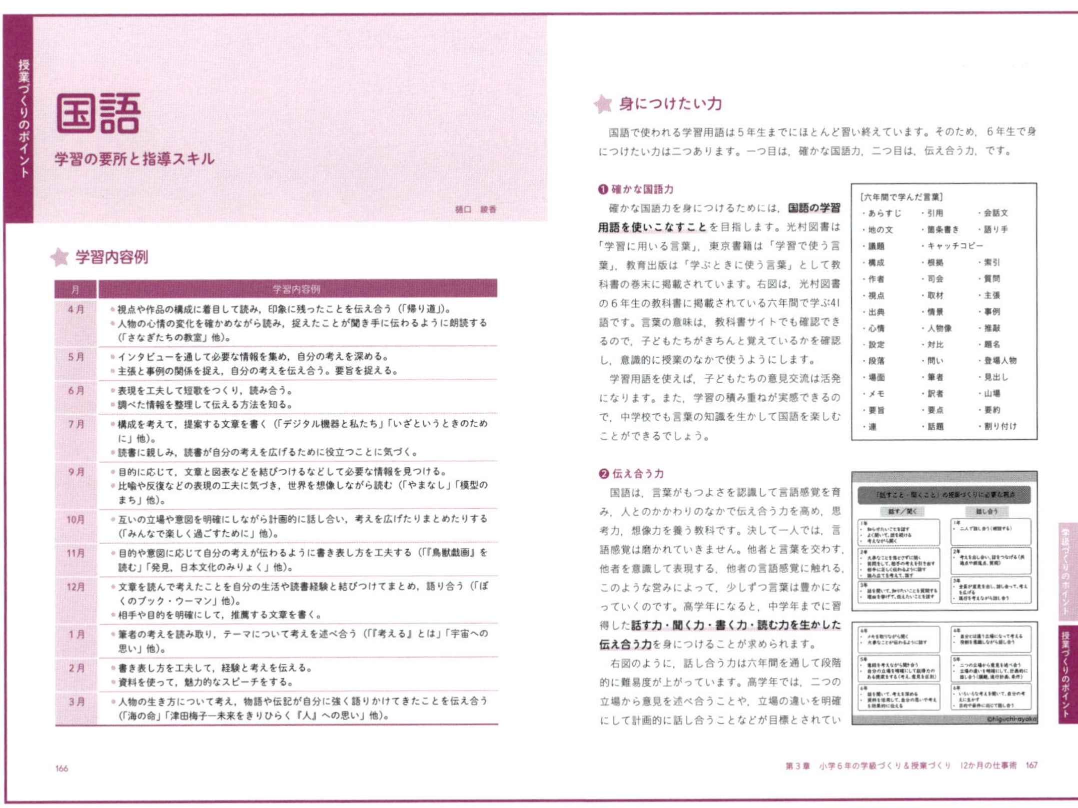

授業づくりのポイント

国語

学習の要所と指導スキル

樋口　綾香

学習内容例

月	学習内容例
4月	・視点や作品の構成に着目して読み，印象に残ったことを伝え合う（「帰り道」）。 ・人物の心情の変化を確かめながら読み，捉えたことが聞き手に伝わるように朗読する（「さなぎたちの教室」他）。
5月	・インタビューを通して必要な情報を集め，自分の考えを深める。 ・主張と事例の関係を捉え，自分の考えを伝え合う。要旨を捉える。
6月	・表現を工夫して短歌をつくり，読み合う。 ・調べた情報を整理して伝える方法を知る。
7月	・構成を考えて，提案する文章を書く（「デジタル機器と私たち」「いざというときのために」他）。 ・読書に親しみ，読書が自分の考えを広げるために役立つことに気づく。
9月	・目的に応じて，文章と図表などを結びつけるなどして必要な情報を見つける。 ・比喩や反復などの表現の工夫に気づき，世界を想像しながら読む（「やまなし」「模型のまち」他）。
10月	・互いの立場や意図を明確にしながら計画的に話し合い，考えを広げたりまとめたりする（「みんなで楽しく過ごすために」他）。
11月	・目的や意図に応じて自分の考えが伝わるように書き表し方を工夫する（「『鳥獣戯画』を読む」「発見，日本文化のみりょく」他）。
12月	・文章を読んで考えたことを自分の生活や読書経験と結びつけてまとめ，語り合う（「ぼくのブック・ウーマン」他）。 ・相手や目的を明確にして，推薦する文章を書く。
1月	・筆者の考えを読み取り，テーマについて考えを述べ合う（「『考える』とは」「宇宙への思い」他）。
2月	・書き表し方を工夫して，経験と考えを伝える。 ・資料を使って，魅力的なスピーチをする。
3月	・人物の生き方について考え，物語や伝記が自分に強く語りかけてきたことを伝え合う（「海の命」「津田梅子―未来をきりひらく『人』への思い」他）。

166

身につけたい力

国語で使われる学習用語は５年生までにほとんど習い終えています。そのため，６年生で身につけたい力は二つあります。一つ目は，確かな国語力，二つ目は，伝え合う力，です。

❶確かな国語力

確かな国語力を身につけるためには，**国語の学習用語を使いこなすこと**を目指します。光村図書は「学習に用いる言葉」，東京書籍は「学習で使う言葉」，教育出版は「学ぶときに使う言葉」として教科書の巻末に掲載されています。右図は，光村図書の６年生の教科書に掲載されている六年間で学ぶ41語です。言葉の意味は，教科書サイトでも確認できるので，子どもたちがきちんと覚えているかを確認し，意識的に授業のなかで使うようにします。

学習用語を使えば，子どもたちの意見交流は活発になります。また，学習の積み重ねが実感できるので，中学校でも言葉の知識を生かして国語を楽しむことができるでしょう。

［六年間で学んだ言葉］

・あらすじ	・引用	・会話文
・地の文	・箇条書き	・語り手
・議題	・キャッチコピー	
・構成	・根拠	・索引
・作者	・司会	・質問
・視点	・取材	・主張
・出典	・情景	・事例
・心情	・人物像	・推敲
・設定	・対比	・題名
・段落	・問い	・登場人物
・場面	・筆者	・見出し
・メモ	・訳者	・山場
・要旨	・要点	・要約
・連	・話題	・割り付け

❷伝え合う力

国語は，言葉がもつよさを認識して言語感覚を育み，人とのかかわりのなかで伝え合う力を高め，思考力，想像力を養う教科です。決して一人では，言語感覚は磨かれていきません。他者と言葉を交わす，他者を意識して表現する，他者の言語感覚に触れる，このような営みによって，少しずつ言葉は豊かになっていくのです。高学年になると，中学年までに習得した**話す力・聞く力・書く力・読む力を生かした伝え合う力**を身につけることが求められます。

右図のように，話し合う力は六年間を通して段階的に難易度が上がっています。高学年では，二つの立場から意見を述べ合うことや，立場の違いを明確にして計画的に話し合うことなどが目標とされてい

学級づくりのポイント

授業づくりのポイント

第３章　小学６年の学級づくり＆授業づくり　12か月の仕事術　167

Contents

第1章

小学６年の学級づくり＆授業づくり 指導のポイント＆準備術

第2章

成功するロケットスタート！ 小学６年の学級開き＆授業開き

学級開き

授業開き

第3章
小学6年の学級づくり＆授業づくり 12か月の仕事術

学級づくりのポイント

4月

Contents

Contents

Rocket Start!!

第1章

小学６年の学級づくり＆授業づくり

指導のポイント＆準備術

小学6年

ゴールイメージと一年間の見通し

鈴木　優太

「インタビュー」で始める

6年生を担当することになりました。さて，何から始めたらよいのでしょう？

安心してください。最も簡単で効果的な方法をお教えします。

「インタビュー」です

現任校での6年生攻略の「最短経路」が見つかるでしょう。

〈インタビュー相手〉		〈作成するとよいもの〉
①前6年担当	→	「見通し表」
②前5年担当	→	「いいところだけ名簿」
③同学年担当	→	「学年共有ドキュメント」
④6年生の子どもたち	→	「日移動型カウントダウンカレンダー」

さあ，動き出しましょう。最高の一年間は，インタビューから始まります。

教えていただく

6年生を担当することがわかったら，まず前年度に6年生を担当していた先生方にインタビューをします。異動される先生もいるので，早いに越したことはありません。

「6年生を担当して，やってよかったことを教えてもらえませんか？」

「やってよかったこと」を尋ねると，私が出会ってきた先生方は，10も100も惜しまず教えてくださる方ばかりでした。先生方は，実はあなたから声をかけられるのを待っています。役立った教材やデータもたくさんいただき，今の私があります。困難を乗り越えるうえでも，随分と助けられています。1分1秒も惜しい春休みの貴重な時間をいただくので，感謝の気持ちを忘れてはいけません。お返しは，子どもと後進に，です。

6学年の主な見通し

	主な学校行事	やること
4月	8（月）1学期始業式～3h会場準備 12（金）市標準学力調査・生活状況調査 18（木）全国学力学習状況調査 25（木）授業参観・PTA総会・懇談会 26（金）1年生を迎える会	学年目標 修学旅行下見 1年生の教室当番 児童会活動リーダー 学年開き集会
5月	7（火）～8（水）自宅確認（4校時限） 10（金）自宅確認（4校時限） 22（水）プール清掃 27（月）運動会総練習	学級目標 運動会練習
6月	1（土）運動会（予備日6/4） 21（金）引き渡し訓練 27（木）～28（金）修学旅行	修学旅行学習
7月	19（金）夏休み前集会～夏休み8/25（日） 23（火）～29（月）保護者面談	陸上記録会練習 集会活動（夏休み前） 夏休み前学年集会

前6年担当へのインタビュー結果と教務主任が共有する年間計画をもとに，上のような「見通し表」を作ります。4月から3月までの主な行事を打ち込むだけです。わずか30分，手を動かして作ってみてください。驚くほど一年間の見通しがつかめます。学年の先生方からは感謝され，6年生の子どもたちは行事に燃えます。

このように，見通しを共有するためには，具体的なものが必要です。作成するとよいものも紹介していきます。

「いいところ」から出会う

前年度に5年生を担当していた先生方との引継ぎ会があります。配慮事項の引継ぎは欠かせないとはいえ，それだけで終わってしまうのは残念です。配慮事項と同じかそれ以上に「いいところ」をセットで教えてもらうことがポイントです。「いいところ」だけを名簿にまとめた「いいところだけ名簿」を作成します。

「しっかり者で先を見通すことができ，時間の使い方がうまい…○○さん！」

学級開きでの初めての呼名は，前5年担当のインタビューで知った「いいところ」を付け加えて行います。「いいところだけ名簿」をカンペ代わりに，一人一人の名前を呼びます。

番号	いいところ	よみかた	名前
1	分からないことをそのままにせず，質問や相談をして学び合える◎	●●●●●●	○○○○
2	ルールを守る意味をよく理解しているため，友達が納得できる伝え方ができる◎	★★★★★★	☆☆☆
3	しっかり者で先を見通すことができ，時間の使い方がうまい◎	■■■■■■	□□□□
4	漫画係として，友達と力を合わせて楽しい新作をたくさん発表◎	▲▲▲▲▲▲▲▲	△△△△△
5	自分で決めたことを最後までやり遂げる意思の強さを持っている◎	▼▼▼▼▼▼	▽▽▽▽
6	学校を牽引するリーダーとしての力がある◎	●●●●●●●●	○○○○○
7	話し合い活動では，自分の意見を豊かなボキャブラリーで表現できる◎	★★★★★	☆☆☆☆
8	ていねいに学習を進めることができ，授業中のノートが美しい◎	■■■■■	□□
9	「○○はやればできるんだから大丈夫だよ。」と友達を思いやる声がけに成長が見える◎	▲▲▲▲▲▲	△△△△
10	失敗しても果敢にチャレンジし続ける姿はクラスに良い影響を与えた◎	▼▼▼▼	▽▽▽

「先生，どうして知っているの!?」

引継ぎ事項がたくさんあった子も，「いいところ」を言われると顔がパッと明るくなります。子どもたちが明るい見通しがもてる出会いになるでしょう。

参照：拙著『教室ギア55』（東洋館出版社）の「要録エンカウンター名刺」の実践が詳しいです。

「願い」を共有する

「先生方は，どんな学級開きをするんですか？」

同学年を組むことになった先生方から，学級開きの具体を教えてもらいましょう。最も頼りになる仲間です。その学年会のなかで，次のように切り出します。

「先生方は，学級開きで，子どもたちにどんな人に育ってほしいって伝えるんですか？」

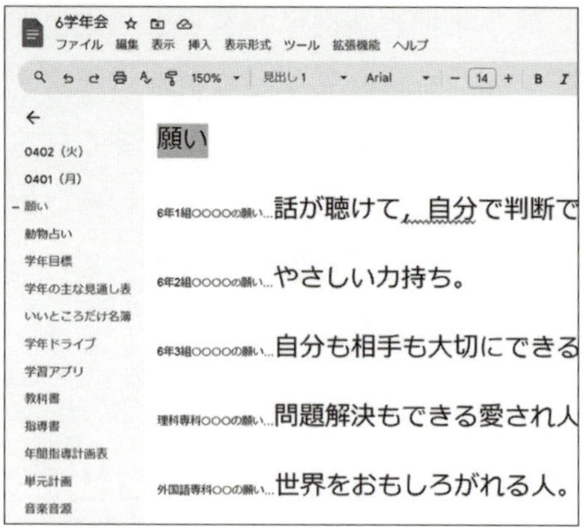

この質問が大切です。超大切です。先生方一人一人の「願い」を共有すると，学年全体のゴールイメージが明確になるからです。

「…話が聴けて，自分で判断できる人ですかね」

少し考え込む先生も，即答される先生もいます。

「優しい力持ちかな」

自分自身も，この日時点での願いを口に出します。

「私は，自分も相手も大切にできるあたたかな人になってほしいです」

わずか５分ほどですが，胸がぽかぽかとする，いい時間を過ごせるでしょう。

（○○先生とは，実は，目指すところは似ているんだな…！）

どの先生も，根っこにある子どもたちの幸せを願う気持ちが共通していることに気づきます。「願い」を聴き合うと，心の距離が一気に縮まったような気持ちになり，応援し合いたくなるから不思議です。あとは強みを発揮し合い，目指すイメージに向かって実践あるのみです。

私は，「学年共有ドキュメント」をドライブ上に作成します。Google ドキュメントに，学年で共有したいデータの URL をなんでもかんでも貼り付けています。見出し機能を使うことがコツです。デジタル迷子になりません。学年会の記録をはじめ，前述した「見通し表」や「いいところだけ名簿」，先生方の「願い」も，いつでも誰でもどこからでもアクセスできるようにしています（個人情報の取り扱いは注意です）。長期休業前後の学年会では，「学年共有ドキュメント」を開いて定期的にインタビューをしましょう。初心に立ち返ることで，お互いを応援でき，学年のゴールイメージをアップデートしていくことができるからです。

★「思い」を形にする

カウントダウンカレンダーは定番の取り組みです。これを，卒業直前だけでなく，学級がスタートしたタイミングから始める実践です。５点（①日付　②終業式までの残り日数　③主な行事　④みんなへのメッセージ　⑤イラスト）を画用紙に書きます。

一人１枚作ります。二人で１枚や四人で１枚を共同制作してもかまいません。先述した「見通し表」を参考に，２か月先までを目安に作ります。具体的な行事や目標などを記入することで，子どもたちは今後２か月間の学校生活の見通しを立てることができます。実は，前年度６年生を担当された先生にインタビューをして，「やってよかったこと」と教えていただいた実践です。特にポイントになるのが「みんなへのメッセージ」です。６年生の子どもたちにインタビューをすると，かしこまらない「思い」が見えてきます。

「運動会まで３日！　見せましょう６年生の底力！」「暑くても前を向いて！　水分補給で青春しよう！」「残り100日！　できっこないをやらなくちゃ！」

子どものメッセージで，お互いを励まし合い，クラスの団結力を高めることができます。

掲示法も工夫しましょう。従来の日めくり型では，毎日違うカレンダーに交換するため，子どもたちはメッセージをじっくりと見ることができません。「日移動型カウントダウンカレンダー」にすると仲間の「思い」を毎日目にすることができます。本書の口絵で紹介しているように，背面掲示板に等間隔に「曲板（まげいた）」もしくは「画鋲」（上図）を設置しておきます。カウントダウンカレンダーを挟んだ「マグネットクリップ」がぴたっとくっつき，移動が簡単です。廊下に連結クリップなどでコーナーを作り，教室にはそこから一週間分だけを掲示する入れ替え制もおすすめです。どちらも「今日の１枚」は教室前面の目立つ場所に移動して貼ります。ひと際目立つのが「スピーカー掲示コーナー」（口絵参照）です。

今日の分を書いた人が日直を務めます。日直は，「みんなへのメッセージ」を読み上げて一日をスタートします。子どもの「思い」でつくる教室を，子どもたちと形にしましょう。

〈一年間を見通すポイント〉

□主体的にインタビューを行う

主体的な人を育てるために，まずは私たち教師が主体的に行動することが重要です。待っていてはいけません。「インタビュー」から始めましょう。一年間の光が見えます。

教室環境＆

ロッカー

〈アライン線〉

ランドセルとロッカーの「手前のへり」をそろえると，ロッカーの全体が整って見えます。見えない線を感じると，私たちは本能的にすっきり整った印象をもつためです。全体に気を配れる一人一人の行動があって初めて見られる景色です。

〈脱ひもぷら〉

学校で保管する絵の具セットや習字セットは，ぷらぷらしてしまうひも（ストラップ）を取り外します。機能美といい，「脱ひもぷら」は安全だから美しいのです。

教師用机

児童用机を使ってもよいです。たまたまヒーター横に机がシンデレラフィットしていたため，使わないときは格納します（A）。採点や課題のチェックのときには，机を展開します（B）。窓側にベンチのある珍しい教室なので，ここから子どもたちを眺めるのも気に入っています（C）。掃除のときには一緒に運びます。現任校ならではの教室環境を子どもたちと一緒におもしろがりましょう。

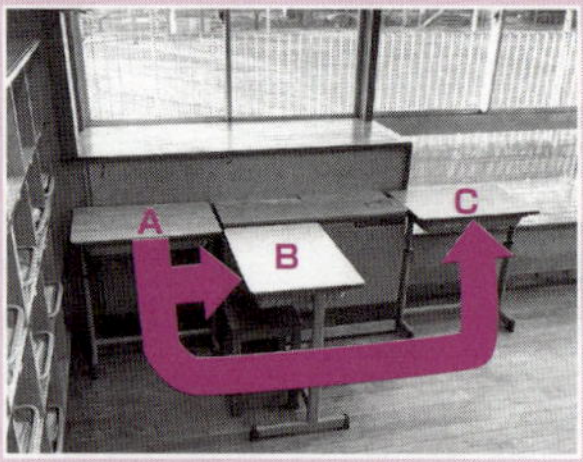

ロッカー上

〈作品ネームカード〉

子ども自身の手で作品を展示することができます。途中経過の未完成品も，どんどん展示しましょう。平面作品用と立体作品用に２組作っておくとよいです。

掃除用具

〈S字フック〉

S字フックがそろっているだけで，子どもたちはほうきを掛けるようになります。どの学校も事務職員に相談して，同じ規格で十分な数を早急に購入すべきです。

壁面掲示

〈曲板ギャラリー〉

マグネットクリップ（口絵参照）に挟めば，開いたノートや実物など，あらゆるものを貼り出せます。「子どもたちの手」で掲示できるのが一番のポイントです。

レイアウト

鈴木　優太

テレビ台

〈テレビ裏秘密基地〉
テレビをついたて代わりに，子どもたちとプロジェクト活動の打ち合わせや教室を俯瞰する等々…ちょうどいい場所です。配線が重要です。

窓際

〈ガーランド掲示〉
どの学校にもある荷造りひもで，空中が掲示スペースになります（口絵参照）。窓や壁に沿わせると落ち着いた感じになります。

机用名札

机の正面側にはっきり読める名札を貼ります。専科の授業など，多くの先生方と学ぶ６年生。かかわる人たちに思いを馳せると，子どもたちはていねいに書きます。ひらがなつきが優しいです。

時計

〈大型デジタル時計〉
子どもたちの時間の使い方が変わります。授業が大きく変わります。時は命なりです。

黒板前エリア

黒板前には何も置かないと，子どもたちの表現力が向上します。先生のもので，黒板前がいっぱいになっていませんか？

黒板

〈名前マグネット〉
学びの現在位置が確認できるので，子どもたちが学び合うために欠かせません。ミニホワイトボード間を移動することで，取り付けや取り外しが劇的に簡単になります。

ゴミ箱

〈空中ゴミ箱〉
床には物がないという意識と行動が浸透していきます。話合い活動を通して，子どもたち発のアイデアを実現しました。

スチールロッカー

〈SPF 材でロッカーの棚を増設〉
木材を裁断してくれるサービスが DIY ショップにはあります。ロッカーの収納力がアップすると，子どもが学べる場所が教室に増えます。

学級のルールづくり

五十嵐太一

★一緒にルールをつくっていく学級へ

子どもたちは，学校生活６年目。実は，先生方よりも学校について詳しいかもしれません。そんな６年生の学級で，教師だけが決めたルールで一年間を過ごしてよいのでしょうか？　教師は伴走者として，子どもたちが主体的にルールを考え活動できるよう最適化しましょう。

★①教師へのルール

子どもたちが主体的に活動するクラスの共通項があります。

子どもを一人の人としてリスペクトする！

たったこれだけです。まずは，教師が自身へ課すルールとして，このことを意識することから始めます。子どもたちが主体的に活動するためには，安心できる環境が必要です。一番近くにいる私たちが，子どもたちは必ず成長すると信じることが大前提となるのです。

子どもたちの行動の背景にあることを想像しようとすることが大切です。しかし，勝手な解釈をして誤った指導をするのは危ういことでもあります。子どもたちは委縮し，教師を信用しなくなります。教師の一挙手一投足によって子どもたちの心理的安全性は大きく左右されるからこそ，子どもたちをよく観察しましょう。そして，「どうしたいの？」「何か先生にできることはある？」とコミュニケーションをとります。子どもたちは安心できる環境だと感じたら，本来もっている力を遺憾なく発揮できるものです。子ども時代のあなたも，そうではありませんでしたか？

★②ルールは，子どもたちが変えても減らしても OK

多くの６年生にとって，学級内でのルールは当たり前のように浸透していることでしょう。

しかし，当たり前になってしまっているがために，「どうして必要なルールなのか？」と考えが及んでいない場合には注意が必要です。「どうして必要なのかな？」と問いかけ，考え続けていくことが大切です。そして，ルールは少ない方が望ましいです。

家庭用に配られるプリントをもらう際に，静かに並んで待つというルールの事例で考えてみましょう。目的は，一人一人の手元に確実にプリントを配ることです。一列に並んで一人一人が取るのを待っているよりも，声をかけ合って大勢が一度に取りやすい場所に移動したり，もらうプリントの山を二つか三つに分けたり，グループごとに取りにいったりするように自分たちで判断することもできるのです。こうした例を良しとして，様々なアイデアを試してみましょう。合理的で心地よいルールに子どもたち自身が気づき，更新していく営みが自治的学級への第一歩です。細かい生活のルールからの脱却は，子どもたちが提案してくれることならば，どんどん奨励して見直していくべきです。そこに，クラスを心地よくするための話合いの必然性が生まれてきます。

③クラス会議が学級の文化

子どもたち同士が学級のルールを自分事とする場として，「クラス会議」を取り入れます。クラス会議では，円になって顔を見合いながら話し合います。自分たちで学級をよりよくするために話し合える場所と時間が，学級には必要です。

最初の議題は，具体的な解決の姿がわかりやすく，意見を出しやすいものを提示するとよいです。例えば「素早く円をつくる作戦を決める」という議題です。クラス会議初期の議題は，教師が提案者になってかまいません。

クラス会議の進め方

1．わになる

2．ハッピーサンキューナイス

3．なやみ共有（議題）

4．議題への質問

5．解決への提案

6．解決案の選択

その後，一人一人が議題の解決に向けた提案をしていきます。最後に，決めたことを実際にやってみます。すると，話し合った後の方が断然素早く円になれるでしょう。こうして話し合うことで課題を解決できるという実感を得ることができます。

このようにクラス会議を通して，みんなで教室のルールを考え，解決していく経験を増やしていくことが，自治的な学級集団に成長していくことにつながっていきます。

みんなで話し合って決める営みを実践的に積み重ねていきましょう。自分たちの生活がしやすいルールをつくる文化が育っていきます。

授業のルールづくり

五十嵐太一

授業準備こそ，肝

任天堂のゲームソフト「マリオカート」では，スタート前からアクセルボタンを押して，スタートダッシュをきることができます。スタートランプが見えてからアクセルを押していたのでは，初動が遅く，最後尾からのスタートになってしまいます。スタートダッシュを磨き続けることが，授業のルールづくりとして最も重要だということを伝えます。

準備物チェックリスト

６年生ともなると，これまでの学校生活の経験上，ある程度のルーティンに対応して動くことができます。そこで，４月の授業が始まるころから子どもたちと授業準備を確認します。

〈授業前に準備するものチェックリスト〉

□授業前の机の上に置いておくもの

　教科書やノート，下敷き，筆箱など，毎回使用するもの。

□教科書やノートの状態

　教科書・ノートは閉じておくか開いておくか，その授業が始まる机の上の状態。

□毎回，ノートに書くべきもの（一年間かけて）

　日付，単元名，本時のめあて，ページ数，自分の今日のめあてなど，その教科で必ずノートに書くもの。

□１人１台端末の場所

　事前に開いておくスタイルか，はじめはしまっておくスタイルか。しまっておく場所は，机のすぐ近くかロッカーか。

□授業開始時の教室の状態

　始業後，教室はどういう状態であってほしいか。１分前に着席するのか，学習活動を事前に指導し，始めてよいのか，座席の形態はどのようであるか，など。

みんなのアイデアで習慣化を目指す

4月のはじめは，休み時間は準備時間であることを徹底します。早い段階で「次の授業準備をしてから休み時間にするための作戦を決める」という議題をクラス会議で話し合います。次の授業の準備をしてから休憩や遊びの時間とするだけで，子どもたちの授業への前のめり感が大きく変わります。授業のルールも，前向きに行動していくためのものであれば，自分たちで話し合って決めてよいことを伝え続けていきましょう。

できているところに目を向ける

子どもたちが決めたことに取り組む際，私たち教師は，子どもの行動を認め喜ぶことがポイントです。そのためには，わずかでもできているところやがんばっているところを見つけるようにします。「〇〇さんが，授業後に，次の授業の準備のことを教えてくれたから，全員ができたよね。これはすごいことだ！」と取り上げて喜びます。「〇班は，授業後，次の準備への動きがものすごく速かった。話し合って決めたことを着実に実践しているね！」と全体に紹介します。

こうして少しずつ，みんなで準備をする意識と行動を広げていきます。一緒に同じ目的を達成しようとする友達がいることが，幸せであるという実感も得られていくことでしょう。

はじめよければすべてよし！

授業を定刻に始められるだけで，そうでない教室と毎時間１分間の違いが生まれます。わずか１分間ですが，年間では約「1000分間」もの時間の差が生まれます。

授業準備がしっかりできるようになると，子どもたちの休み時間と授業時間の切り替えスピードが速くなります。授業準備ですでに，次の授業の45分間が決まります。

教師が，子どもたちに授業準備の徹底を促しながら，そこに子どもたちの自治的な姿を見つけて喜び続けていくことが，子どもたちの大きなモチベーションにつながります。

はじめよければすべてよしです！

〈授業準備がうまくいく最大のコツ〉

□子どもたちは，クラス会議で自分たちの課題として解決方法を話し合う

□教師は，子どもたちの取り組んでいる姿をよく見て，できているところに注目して喜ぶ

苦手さのある子への配慮ポイント

五十嵐太一

気になる子は困っている子

学級のなかには様々な子がいます。その誰もが，褒められたいし認められたいと思っています。少なくとも，誰かを困らせたい，迷惑をかけたいと思う子はいません。気になる子は，手がかかる大変な子ではありません。「困っている可能性があるかもしれない」と考えることです。何かしらの原因があるために，そうせざるを得ない子もいます。その子自身の特性や取り巻く環境が，私たちにとって気になる行動を引き起こしている可能性が高いからです。

気になる子をよく観察しましょう。特に，どんなときに・どんな場所で・どんな条件のときに気になるのか，意識してみましょう。

引継ぎは可能性を探る

引継ぎで気をつけるべきは，「この子はこういう子」という先入観をもたないことです。もともと暴力的な子はいません。話を聞かない子といわれても，断片的にそのシーンだけを切り取って集めた結果かもしれません。引継ぎでは，「どうすると，それが起こりにくかったか」や，「どんなときはうまくいきそうか」など，未来志向でその子の環境をよりよくできる可能性を探っていきましょう。

多角的な見方で次の一手を考える

気になる子に限らず，クラスのなかでは，感覚や認知の差が大きくなります。同じ生活をしているなかで，感覚が鋭い・鈍い子がいます。また，認知の部分では，物事の捉え方や受け取り方，つまり意味づけが他の子と異なる子，誤った行動選択を学習した子など，目には見えない背景を抱えている子たちがたくさんいます。実際に，そういった気になる子への捉え方を変えた途端，クラスをまとめていく中心的な存在に変わったこともありました。

だからこそ，子どもたちの気になる行動について考えたなら，その次の一手は，その子とかかわる周りの先生方と見えたことや考えたことを共有することです。一人で考えず，複数の目で見えたことをもとに，困り感に対応した学習環境やかかわり方を変えていくことが大切です。

ユニバーサルデザイン的学習環境づくり

気になる子への対応は，クラス全体の安心感を高めます。例えば，指示を言葉だけにすると，聞いてさっと行動に移せない子がいます。ですが，黒板に箇条書きをしたり，視覚資料や実物を示したりして伝えるだけで動ける子もいます。クラス全体にとってわかりやすい伝え方を心がけましょう。ユニバーサルデザインの考えに沿った学習環境づくりに励むのは，特定の誰かのためだけではないのです。以下，クラスの状況に合わせて使い分けてみてください。

〈教室へのかかわり方のユニバーサルデザイン化〉

□指示の可視化

活動の手順や注意点は，言葉だけにすると抜け落ちてしまう子がいます。ルーティンとなっているものは掲示物にします。指示が複数になるときには，キーワードを順に板書して指示をするとよいでしょう。

□グループ内で活動の確認

活動する前に，隣の人やグループの人と「○○するんだよね」と確認をする時間をとります。グループのなかで誰もわからないものがあった場合に，先生に確認をとる約束にしておくとよいでしょう。

□ゴールを示してから，手順を示す

活動のゴールが見えていると，手順が頭に入りやすい場合があります。反対に，手順がいくつもあると，ゴールに行き着くまでに忘れてしまうかもしれません。

□言葉を短く，一事一文で示す

活動する内容が多すぎると，混乱します。言葉を短く削り，活動をシンプルにまとめましょう。

□合法的な立ち歩きを入れる

子どもたちのなかには，授業中，ずっと座っていられない子がいます。「問題を二つ解いたら先生のところにノートを持っておいで」と伝えたり，「立ち上がって友達の意見を聞きに行こう」など，授業のなかに立ち歩きを入れたりすることで，学習に集中することができます。

誰もが幸せになる権利を有して学校に来ます。私たちは教えるプロです。だからこそ，どのような環境で学ぶことが望ましいのかを，日々子どもたちの姿からよく見て考え，子どもたちと一緒に実現していく必要があります。

学級担任として必ず知っておきたいこと

神林　一平

五年間の育ちに目を向ける

小学校生活集大成の一年間の始まり。今から始まる一年間においても，子どもたちが安心して学校生活を送ったり，資質・能力や主体性を発揮したりできるように，必ず知っておきたいことは何でしょうか。私は，下記を大切にしています。

五年間の子どもの育ちに目を向ける

子どもの育ちに目を向けると，安心して学校生活を送るために配慮することは何か，五年間で育んできた資質・能力は何か，それはどのような人間関係で育まれてきたのかなど，児童理解につながってくる部分が少しずつ見えてきます。子どもたちと出会う前に，６年生の学級担任として必ず知っておきたいことの具体に迫っていきましょう。

６年生の学級担任として必ず知っておきたいこと

❶ 身体的配慮を要する事項の確認

まずは，前担任からの聞き取りや引継ぎ資料から，身体的配慮を要する子どもについて確認します。「これまでに大きな病気はないか」「小学校生活のなかで起きた身体的症状はないか」「授業や行事で配慮することはないか」など，命の危険にかかわってくることを中心に，時には質問しながら確認します。

食物アレルギーを有する子どもについての事項はていねいに確認したいところです。「どのような食物アレルギーなのか」「五年間でどのような対応を行ってきたのか」「どのようなヒヤリハットの事例があったか」など，五年間の対応について確認していきます。給食当番，調理実習などの日常生活とともに，校外学習や宿泊行事を見据えて，栄養教諭や養護教諭と情報共有，共通理解を図ることも必要になります。

対応の仕方の確認で終わらず，「どのような学級指導を行ってきたのか」「周りの子どもはどれくらい理解しているのか」「食物アレルギー対応についての保護者との連携はどうなっているか」など，身体的配慮を要する子どもが安心して学校生活を送れるような環境を整えるための情報を共有できるといいですね。

❷ 合理的配慮を要する子どもの確認

合理的配慮の充実を図ることが求められています。「どのような特性をもっているのか」「学習面での配慮，生活面での配慮を要する子どもにどのような配慮を行ってきたか」などを一人一人確認します。このことにより，その子が安心して学校生活を送るための環境整備につなげることができます。

また，「学校としてどのように対応していくか」「保護者はこれまでの学校の対応をどう考えているのか」など，チーム学校として保護者と連携しながら対応していけるように情報共有を行いましょう。

❸ 配慮を要する人間関係の確認

五年間で育まれてきた人間関係のなかで，よい人間関係が育まれていることもあれば，子ども同士のトラブルやいじめ，不登校など特別な指導・援助を必要とする事案にかかわる人間関係もあると予測されます。「誰と誰がかかわっているのか」「今の関係はどうなっているのか」など，ていねいに確認していきます。五年間で育まれた人間関係を少しでも知っておくことで，初日の子どもへの語りや指導に生かすことができます。

❹ 学年として取り組んできたこと，育んできたものの確認

「どんなことに取り組んできたのか」「この学年が特に力を入れて育んできたものは何か」などを事前に知っておくことで，「子どもとこんな一年にしたいな」と一年のストーリーを描く，手助けになります。

〈配慮できる担任になるためのポイント〉

□五年間の育ちに目を向け，４月からの環境整備につなげる

五年間の育ちに目を向けることで，配慮事項の確認や資質・能力，主体性の発揮のための環境整備につなげることができます。

□チーム学校として対応していく準備につなげる

チーム学校を中心として，家庭や関係機関等と協働して対応していく準備をします。

【参考文献】

● 文部科学省「学校給食における食物アレルギー対応指針」
● 文部科学省「生徒指導提要」（令和４年12月改訂版）

チェックリストでわかる！

入学式・始業式までに必ずしておくべきこと

神林　一平

年度はじめの業務を進めるうえで心がけたいこと

CHECK

- □「やらなければならないこと」「やるとよいこと」を中心に見通しをもつこと
- □ 取り組めることから一つずつ取り組んでいくこと
- □ 短い時間でも職員間で語り合う時間を大切にすること
- □ 学校ごとの文化を尊重し，自分なりのやり方を模索すること
- □ 学校全体や学年といったチームで対応していくもの（会議や引継ぎ，面談等）を優先して予定を組むこと
- □「のりしろ」を出し合って，自分にできる仕事を進めること（自分にかかわる学級の仕事だけでなく，チームにかかわる仕事を探す等）
- □「わからない」「何をするとよいか」と安心して相談できる雰囲気をつくること（考えることも大切に，動くことはもっと大切に，そして“動けるように”を大切に）
- □ 余裕をもち，柔軟に対応していくこと

〈重要度☆☆☆〉子どもとの出会いにかかわる準備

CHECK

- □ 願いの共有（どんな人に育ってほしいか）
- □ 学級開き計画（集大成の一年間の始まり）
- □ 初日の黒板掲示（子どもとの出会いの一歩）
- □ 給食当番システム（生活をつくっていく一歩）
- □ 配付物書類の確認（子どもとの出会いの時間の確保のために）
- □ 始業式，入学式準備（６年生最初の活躍の場を大切に）
- □ 一年後の目指す姿を具体的に描く

〈重要度☆☆〉子どもや周りの先生にかかわってくる準備

CHECK

- □ 時間割の作成
- □ 教師用教科書の確認（チェックする担当の先生がいることを考えて）
- □ 入教関係（担任以外の職員が自学級の授業を受けもつ場合）の準備
- □ 教材選定（学年で足並みをそろえて）
- □ 作成する文書（学年だより，週予定など）について
- □ 児童会活動（委員会やクラブ，児童会行事「１年生を迎える会」など）の準備，計画
- □ １人１台端末活用の準備
- □ １年生サポートの準備
- □ 指導の仕方や宿題について（発達段階をふまえて，学年で共通理解を図る）
- □ 教室整備について

〈重要度☆〉子どもとの一年間を見据えての準備，計画

CHECK

- □ 学級名簿作成，出席簿作成
- □ ネームプレート作成
- □ シール付け（椅子，ロッカー，ランドセル，雨具かけなど）
- □ 配付物書類の確認（子どもとの出会いの時間の確保のために）
- □ 物品発注（ビニールテープ，名前シール，各学習ファイルなど）
- □ ノート発注（国語，算数，社会，理科，道徳など）
- □ 掃除当番システム
- □ 教室掲示計画
- □ 学級目標計画
- □ 学級活動（当番活動，係活動，朝の会や帰りの会など）計画
- □ 一年間の学習や行事の見通しをもつ

年度はじめの業務を進めるうえで心がけたいポイント

「今年も一年がんばるぞ！」と気持ちが高まる新年度。一方で，「いよいよ始まるけど何から進めればいいのかな…」と異動や新採用により，新しい学校で不安や心配を抱えながら一歩を踏み出す人もいますよね。限られた時間のなかで準備を進めなければならない年度はじめにおいて，やることが少しでもわかっていると，それをもとに時間を有効活用できます。

前ページのチェックリストを活用ください。大切にしたいポイントがあります。

学年の先生と相談しながら，やることを「柔軟」に設定する

私は，採用されて間もないころ，「１日目にはこれをして，２日目にはこれをして…」と一日ごとにやることを決めていました。でも，その通りに進んだことはありませんでした。会議や引継ぎなどが，次々となだれ込んでくるためです。その経験を通して，やることを決めておくことが大切なのではなく，「学年の先生方と相談して，取り組めることから一つずつ取り組んでいくことが大切」だと感じています。それぞれの学校にはそれぞれの文化があります。自分のやり方が通らないことも多いものです。年度はじめは特に，「柔軟」さが大切です。

〈重要度☆☆☆〉子どもとの出会いにかかわる準備のポイント

❶ 初日を大切にした準備を進める

子どもと出会う初日，「子どもとどう出会うか」にわくわくを膨らませて，準備を進めたいです。「初日の黒板掲示」でどのようなメッセージを発信するかが大切です。ICT を活用することで，事前に準備することができます。筆跡から担任がわかるといったこともなくなります。ある年は，「自分や学級，学校の幸せを考えていく」というウェルビーイングを追求していくためのメッセージを送りました。「この学級の担任になれて嬉しい」「これから一緒にがんばっていきたい」という思いをメッセージに込めましょう。

また，「座席表を見て席に座りましょう」「提出物は，後で集めます」「始業式までの流れは…」といった指示も明示しておくことで，子どもたちが安心して見通しをもてます。

❷ 給食当番システム

年度はじめ，初日から給食があるという学校もあるでしょう。とすると，初日から稼働できるように「給食当番システム」について考えておく必要があります。その学校の統一のやり方が設定されている場合もあるので，ていねいに確認しながら進めることが大切です。

そのうえで，私は，「給食準備はどうやってきたかな」と問いかけます。すると，「盛りつけは…，配膳の人は…」と子どもたちは経験をもとに話します。「それは何のためにそうなっているのかな」と問いかけます。アレルギーがある友達もいて，命にもかかわることだからです。焦らず落ち着いてやることや，仕事を分担する教育的価値を子どもたちと共有しましょう。

給食準備を通して，見取った子どもの姿を価値づけたり，課題を学級で解決したりしていくことにつなげます。このように，給食当番システムをはじめとした学級システムを子どもとともにつくっていくことは「子どもに任せておけばいい」ものではありません。「子どもたちがこれまでに給食当番にどう取り組んできたのか」「給食当番に取り組んでいくうえで主体性を発揮して取り組めるようにするにはどういうシステムにするとよいのか」，これまでの子どもの姿から学び，６年生として目指す姿を描き，準備を進めていくことが大切だと考えています。そのための時間として，年度はじめの時間を有効に活用したいところです。

❸子どもとの出会いの時間をつくるために

学級で目指す姿について語ったり，給食当番システムについて確認したりすることを考えると時間はいくらあっても足りません。そのために，できることをやっておくのも年度はじめの大切な時間です。

- 教科書の配付のために事前に準備できることはやっておく
- 教科書は，いつ，誰が取りに行くか計画を立てておく
- 配付物書類は何枚あるかを確認し，可能ならばまとめて封筒などに入れておく
- どの時間に何を語り，どのような活動を行うのか，学級開きの計画を立てておく

など，時間がかかりそうな場面に時間をかけないことで，子どもとつながる素敵な時間をつくることにもつながります。

❹チーム学校で“６年生”を育てる

授業時数や行事も多い分，負担も多い６年生。配慮を要する子どもの対応，保護者対応もていねいに行っていく必要があります。だからこそ，担任一人で抱え込まず，「チーム学校」で子どもの成長を支えていくことが大切です。授業をもっていただく先生に，子どもの実態を共有したり，配慮事項への指導の共通理解を図ったりすることも「チーム学校」の一歩です。

また，始業式や入学式で代表として役割のある子もいるはずです。「誰が担当することになっていて，準備はどれくらい進んでいるのか」「その子は今，不安に思っていないか」などを確認しましょう。一方で，自分が新担任だとわかってしまうことは避けなければいけないことのため，前年度担任と力を合わせ，「チーム学校」として連携していくことが大切だと考えて

います。その思いや願いの共通理解を図ることも，年度はじめに大切にしたいことです。

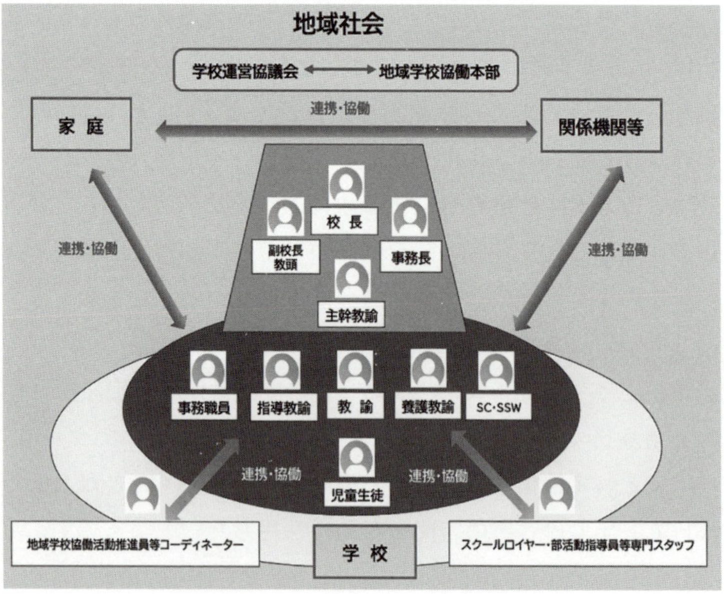

〈重要度☆☆〉子どもや周りの先生にかかわってくる準備のポイント

❶ 全体にかかわる業務は優先的に

子どもとの出会いにかかわってくる準備を進める一方で，全体にかかわってくる業務もあるのが年度はじめです。「教師用教科書」があるかどうかチェックし報告したり，「時間割」を組み，他の学級との重なりがないかチェックしたりするなど，自分の仕事が遅れると周りに迷惑がかかる可能性がある業務は優先的に行います。「教材選定」も学年の仕事と考え，優先的に時間を設定して取り組んでいけるといいですね。

❷ 委員会やクラブ，児童会行事も見通しをもって

委員会やクラブといった児童会活動も，担当の先生任せにせず，「どのような流れで決めていくか」「どのように子どもと共に進めていくか」も描いておきましょう。前年度に委員会が決まっている場合もあれば，決まっていない場合もあります。第１回の委員会，クラブ活動を６年生が中心となって自治的に進めていけるように，この期間にどんな準備をするといいのか，担当の先生と一緒にシミュレーションをします。

この事前の準備によって，子どもの姿が大きく変わってきます。何も準備していなければ「先生，何すればいいの？」と受け身の姿勢で取り組んでいくことになりますし，少しでも見通しをもっていれば「こういう風に進めていきたいな」と子どもが主体性を発揮しながら取り組んでいくことにつながると考えています。

❸ 教室を整備して子どもが安心して過ごせる空間に

『クラスを最高の笑顔にする！学級経営365日　困った時の突破術　高学年編』（明治図書）の著者岡田氏は，「教室環境は学級づくりの最初の仕掛け」と述べています。子どもたちが毎日８時間近く過ごす教室を整備していくうえで，子どもの目線になって考えることが大切です。

- 机，椅子，ロッカーなど，壊れていないか確認する
- 修理できるものは年度はじめに修理する（椅子のねじを締めるなど）
- 危険や乱れはないか，安全点検項目を参考に，各箇所の安全を確かめる
- 子どもが自由に使用できる物品やスペースはあるか
- 机の上は汚れていないか（汚れていたら雑巾で拭く）

など，実際に触ったり，座ったり，置いてみたりしながら，安全かつ快適かどうか子どもの目線で確認します。「どのような教室を目指していきたいか」担任の願いが子どもに伝わるといいですね。

〈重要度☆〉子どもとの一年間を見据えての準備，計画のポイント

● これからの一年間を具体的に描いてみる

「一年後の目指す姿」をイメージした後，一年間の学習や行事の見通しをもちたいところです。一年後の目指す姿は，日々の学習や行事といった生活のなかで育まれていくものだからです。「子どもの学びを充実させるためにどの学習をつなげるとよいか」「特に６年生として大切にしたい行事は何か」年度はじめのこの時期に，一年間の見通しをもち，それをつなげて考えていくことで，子どもの成長ストーリーを描くことが大切だと考えています。

〈入学式・始業式までにやっておきたいポイント〉

□前ページのチェックリストを活用する
　チェックリストを活用することで，見通しをもって一つずつ取り組んでいきます。

□初日の子どもとの出会いを大切に，準備を進める
　優先順位をつけて，子どもとの出会いの時間を確保できるようにします。

□３月の子どもの姿をイメージして，一年間の成長ストーリーを描く
　できるだけ具体の姿，具体の活動を描くことで，子どもの成長を支えていきます。

【参考文献】
- 赤坂真二・岡田順子著『クラスを最高の笑顔にする！学級経営365日　困った時の突破術　高学年編』明治図書
- 赤坂真二・髙橋朋彦著『人間関係形成能力を育てる学級経営365日ガイドブック　６年』明治図書
- 文部科学省「生徒指導提要」（令和４年12月改訂版）

Rocket Start!!

第2章

成功するロケットスタート！

小学6年の
学級開き＆授業開き

学級開き

授業開き

学級開きとは

尾形　英亮

学級開きとは「見える化」である

学級づくりとは，「子どもたちと教師が一緒に，見えないものを見えるようにすること」だと私は考えます。子どもたちは内面を「見える化」するアウトプットを積み重ね，前向きなインプットができる見方・考え方を，一年間を通して磨いていきます。その営みを支えるのが，教師の役割です。つまり，学級開きとは，以下のように定義できます。

学級開き＝あらゆることの「見える化」を子どもたちと目指すこと

ありがとうが「言葉」で見える

私は，タイ王国のバンコク日本人学校へ派遣された初年度，新型コロナウイルス感染症の拡大により，長期にわたる在宅学習を経験しました。日本からの渡航が大幅に遅れ，９月になってようやく学校で勤務を開始できました。それまでオンライン上でしか顔を合わせていなかった子どもたちと，教室で出会えたときの感動は今でも忘れられません。「わあ，本物の先生だ！」「先生やみんなに会えるのが楽しみで，全然寝られなかった！」と，子どもたち一人一人の言葉から，学校に来ることを心待ちにしていたことが伝わってきました。子どもたちが学校に来てくれるのは当たり前ではない。「有難い」ことなのだ，と強く実感しました。それ以来，私は一人一人の存在承認を心がけ，「有難う」を言葉に出して伝えています。すると，これまでよりも教室に「有難う」の言葉があふれるようになりました。

価値が「行動」で見える

例えば，「ゴミ拾いは運拾い」という価値を伝え，全員で取り組みます。すると，その価値を理解し，自分から行動する子が出てきます。翌日「朝早く来たら，ゴミが落ちていたので拾いました」と言うのです。私はこうした子を見逃しません。目には見えない価値が「行動を通して目に見えた」瞬間です。このように，子どもの良好な内面が行動に「見える化」した瞬間を取り上げます。これが学級づくり，特に学級開きでは重要です。私は写真を撮り，朝の会で紹介しました。日本人学校の子どもたちの教室に「運拾い」という行動が，どんどん波及していきました。さらに，掃除を通して「その場を大切にするから好きになるのだ」という新たな価値に気づく子も出てきました。その年の2月，タイ政府から出されたコロナ対策のために，1教室の人数規制がされ，突然のクラス替えをすることに。お別れのために与えられたのは1時間だけ。そのなかで彼らが選んだ行動は…なんと掃除でした。「大好きな教室を最後に掃除しよう」と声をかけ合う姿に，私自身の価値観もひっくり返りました。

最後の日の朝に教室掃除をする子どもたち

★「見える化」で幸せを目指そう

人は，目から得た情報を脳内にあるフィルターを通し，自分にとって重要度が高いものだけを意識するそうです。同じ現実でも，人によって見方・考え方は違います。雨が降ってきたときに，「濡れるから嫌」と「雨上がりの美しい虹が楽しみ」では捉え方が大きく異なります。後ろ向きな思考の癖は，私にもあります。だからこそトレーニングしていくことが大切だと思っています。前向きである方が幸福度が高まるからです。子どもたちに教えられる毎日です。

自分がよいと思ったら，それが「見える」ように言葉や行動へ変えます。体験することでよさを実感できるからです。体験を積み重ね，前向きに世の中を見ようとする思考の癖が磨かれていくと，教師も子どもも，みんなが「幸せ」な教室が実現すると考えています。

次ページから，私が5日間で行う「見える化」の取り組みの具体を紹介します。加えて，それらを実践する教師の願いを書きました。願いがなければうまくいきません。願いがあっても100％真似する必要もありません。5日間で無理に教室を完成させようと思わないことです。学級開きで行った取り組みを子どもたちと一緒に楽しんで継続することが大切です。それが学級づくりです。結果ではなくプロセスを楽しんでいると，ある瞬間，教室が大きく変わります。

1日目

尾形　英亮

1日目にすること

Ｉ日目は「『教師の思いや願い』の見える化」に注力しましょう。

1日目の流れ

❶担任の自己紹介

担任として初ステージ。私は，事前にPCで自己紹介のスライドを作成しておきます。スライドにまとめておくと，落ち着いて「目力」と「声」を意識して話せます。また，教科書配付等，初日にはやることが盛りだくさんですから，短時間で楽しい出会いを演出しましょう。

心が動いた経験は記憶に残りやすいことが脳科学でも証明されています。「先生クイズ」をおすすめします。教師が自己開示をすることで，子どもたちは安心感をもてます。選択式にして，出した指の数で答える全員参加型のクイズにします。楽しい一体感が生まれます。

1.尾形先生が働いていた国は？
① アメリカ
② シンガポール
③ タイ
④ 金星

1 タイで働いていて
2 仙台市出身で
3 奥さんの手料理が好きで
4 ギターがちょっと弾けて
5 イラストが得意な
尾形　英亮先生

3 奥さんの手料理が好きで
4 ギターがちょっと弾けて
5 イラストが得意な
尾形　英亮先生

最後に上のスライドのように，全員でＩ～５の特徴を読み上げ「～尾形先生！」と何度も声に出します。声づくりは学級づくりの第一歩です。学級開きからどんどん声を出しましょう。スライドのＩから一つずつ消していくと，虫食い問題のようになります。子どもたちは何度も繰り返して声に出すうちに，覚えてしまいます。知的好奇心も奮起される出会いです。

❷子どもたちの呼名

子どもたち一人一人の名前，顔，よい面を頭に入れて初日に臨みましょう。出会う前に出会うことが一人一人の存在承認につながります。それだけで教師の所作や行動が変わります。

アメリカのある小学校で，理科の実験用のネズミが逃げ出しました。担任の先生は盲目の子だけ教室に残し，ネズミ探しをお願いしました。その子は持ち前の優れた聴覚でネズミを見つけ出しました。後に「スティーヴィー・ワンダー」という世界的ミュージシャンになりました。氏は「自分のもつ能力を先生が認めてくれた。そのときに新しい人生が始まった」と話しています。子どもを変えようとするのではなく，教師が見方・考え方を前向きに変えるのです。

その子のよさを知る手立てとして有効なのは，前年度までの要録のデータを見ることです。必ず前向きな情報が記されています。そこから主なものを一つピックアップして，事前に名簿や座席表などにメモし，頭に入れておきます。教師が「～をがんばった○○さん！」と呼名（メモを見ながらでも OK）したら，呼ばれた子は「はいっ！尾形先生！」と返事をし，全員であたたかい拍手をします。その際，よい返事や拍手をしている子を見逃さず，「返事や拍手は，あなたを大切に思っていますというサインなのですよ。嬉しいなぁ」と I メッセージで伝えます。さらに，「こんなにあたたかい拍手ができるクラスは初めてです。すごいなぁ」と驚くと，より一層子どもの心に響きます。褒めることは教師側に価値基準がありますが，「驚く」ことは教師と子どもが同じ土俵に立つリアクションです。子どもの素敵な姿に，「驚ける教師」でありたいものです。

❸ こんな人になってほしいベスト３

あたたかい雰囲気がつくられたら，話すトーンを意図的に低くします。スイッチを切り替えるイメージです。「ここからは真剣に話すので，真剣に聴きます。目，耳，心を使って，美しい姿勢で聴いてくださいね。先生は，みなさんにこんな人になってほしいです」と伝えます。

1．誰とでも仲良く助け合える人

2．失敗しても，チャレンジする人

3．丁寧に続けることができる人

一つ目は「共助の精神」について。私はよく，自身の震災の経験と絡めて伝えています。

二つ目については，発明家のエジソン氏を例に出します。たくさんの失敗を「幸運だった」と前向きに捉えることで，たくさんの発明を生み出したのです。すぐ結果を求めるのではなく，失敗を含めたプロセスを楽しむことで，大きな結果を得られるというよい例です。

三つ目については，メジャーリーガーの大谷翔平氏を取り上げます。氏の作成した「マンダラチャート」を見ると，目標に向かっていねいに続けることの大切さがよくわかります。

将来の夢や中学受験に意識を向ける６年生だからこそ，これらの話は心に響くはずです。

1日目　2日目　3日目　4日目　5日目

2日目

尾形　英亮

2日目にすること

２日目は子ども同士のかかわりやクラスを機能する「仕組みの見える化」に注力しましょう。

2日目の流れ

❶朝の会

日本人４人目のNBAプレイヤーとなった河村勇輝選手は「コートに立てることは当たり前ではない」と，必ずコートインする際に深々と頭を下げて一礼します。私も毎朝，教室入室時に「教室で担任できるのは当たり前ではない」と心のなかで思いながら一礼をしています。子どもたちも入室する際に「おはようございます」と挨拶し，全員で挨拶を返します。その後は私とハイタッチします。朝の会についても，相手とよいかかわりをしようとする気持ちを「行動で見える化」する，というねらいを子どもたちと共有してから取り組むとよいでしょう。

朝の会の流れは，「①朝の挨拶　②１分間ハイタッチ　③ペアトーク」とシンプルです。

１分間ハイタッチの様子

ペアトークの様子

１分間ハイタッチでは，自由に教室内を立ち歩き，できるだけ多くの友達とハイタッチします。何気ない活動ですが，これは子ども同士のかかわりがよく見える活動です。

ペアトークでは，お題に沿った話を聴き合います。教師や子どもがお題を提示したり，トークテーマが書いてあるカードを使ったりしています。私は「シャベリカ」(㈱教育同人社）というカードを使っています。日直が引いたカードのお題について，毎日違ったペアで，交互に

30秒ずつお話をします。相槌やアイコンタクト，笑顔や身振り手振りを使って話す姿が見られます。こうした非言語のグッドコミュニケーションを取り上げます。相手とよいかかわりをしようとする「気持ちが見える化」する行動だからです。

❷ 一人一役（ボランティア）当番・給食当番・掃除当番

これらの当番活動は，自分たちだけで一日快適に過ごせることを目標とします。前年度までに取り組んでいた当番活動でスタートしてみます。「自分がよいと思った行動で，世の中をよくしていく」というねらいを共有し，決められたことをその通りにやる当番活動から，アップデートしていくことが大切です。徐々に教師が「こんな方法はどうだろう」と提案し，６年生の教室に合った仕組みを子どもたちと模索しましょう。

一人一役当番では，子どもたちが前年度までの仕事内容をロイロノートなどに書き込み，仕事をスタートします。そのうちボランティアで手伝う子も出てくるので，一日一つ以上自分がよいと思ったことを実践する，ボランティア活動にシフトしましょう。後述する帰りの会で，時間と場所を確保することも習慣化のポイントです。

給食当番も同様の考え方で取り組みます。当番の役割分担は設けません。その日のメニューに合わせて，自分たちで役割を考えながら食缶を運びます。配膳の仕方も，カフェテリア形式なのか，レストラン形式なのかなど自分たちで考えます。目標タイムを設定するのもよいです。

掃除当番については，掃除の意義を伝えます。「ゴミ拾いは運拾い」の具体例として，私はイエローハット創業者である鍵山秀三郎氏の「掃除の徹底継続によってお店の雰囲気が変わり，客層が変わり，経営が大成功した」というエピソードを紹介します。ここでも各掃除分担区のメンバー（１か月固定）と掃除方法を子どもたちが話し合って決め，その都度修正しながら掃除をします。そのうち，「自分でいいと思ったこと」に進んで取り組む姿が見られるはずです。

❸ 帰りの会

「①〇分間プチボラタイム　②ハピネスノート　③先生とハイタッチ」という流れです。

〇分間プチボラタイムは，時間内で教室のために自分がいいと思ったことを実践します。子どもたちと相談しながら，４月は３分間，５月は２分間，６月は１分間と時間を短くしていきます。最終的にはなくなるのが望ましいです。教師が設定した時間のなかだけでやらされていては，いつまでも自律的に仕事をする力はつかないからです。

ハピネスノートは，Ｂ５判のノートを裁断機で半分にしたものです。一日１ページ，その日のふり返りを書きます。ふり返りの内容はその日に見つけた自分や友達のよい姿，感謝したことなどです。５分経ったら，書き終えた子から提出し，ハイタッチをしてさようならをします。

3日目

尾形　英亮

3日目にすること

3日目は「個性の見える化」に注力しましょう。

3日目の流れ

❶ 会社活動

私は日本人学校勤務時代，タイでたくさんの魅力的な日本人に出会いました。外資系企業を辞めて起業し，フォトグラファーをしている方，大企業の駐在員から一念発起してプロピアニストになった方などなど。そんな方々に共通するのは，何かを基準にして他者と比較するのではなく，腹の底から湧き上がる疼きに従って行動し，常に自分軸で生きていることでした。

子どもたちにもこんな話をしたうえで「好きなこと・やりたいことで社会に貢献できれば，なんでも立派な仕事になる。わくわくしながら自分で選び，決める人生が一番幸せです。そんな体験をクラスでしよう」と呼びかけます。

クイズ会社が「Kahoot!」で作成した学習クイズで盛り上がる子どもたち

児童が自主的に Canva で作成した学級通貨

「ことば」の給料

【ありがとう・楽しかった】
・教科の問題ではなく色々な問題を出しているので、みんな盛り上がっています。特にこの会社は七人もいるので、それぞれの得意分野で問題を出している、というところが一番面白いところだと思います。

【アドバイス】
・みんな盛り上がりすぎてしまうことがあるので、最初に「他のクラスに迷惑にならないように声を少し抑えましょう」などの声かけをしておくと、さらに良い活動ができると思います。

子どもたちの好き・得意を生かしたチャレンジは一般的に係活動，会社活動，プロジェクト活動などと呼ばれています。私は子どもたちがイメージしやすい「〇〇会社」という表現を選んでいます。高学年になると，１人１台端末を活用したり，様々なICTツールを用いたりと，教師の想像を遥かに超える活動も展開されるでしょう。

私がこれまで取り組んできた会社活動では，ふり返りの活動としてお給料日を設けています。それぞれの活動が停滞しないための一工夫です。２種類のお給料があります。

学級通貨は量的なフィードバックです。子どもがデザインした紙幣を教師が一人一人に一定金額配付し，個人で金額を決めて各会社に給料を支払います。

言葉のお給料は質的なフィードバックです。ロイロノートのカードなどを活用し，個人で各会社に感謝の言葉や前向きなアドバイスを送ります。お互いの好き・得意を認め合う活動です。

このように，量的・質的フィードバックにより，自分らしく幸せに働く経験を，お互いに応援し合いながら進めることができるのです。

❷ あなたの心は何色？

多様性を認め合うことのできるアクティビティがあります。「心の色」を問う活動です。これまで外国語や学級活動，道徳などで実践してきました。ここでは道徳の実践を紹介します。

私は特に，上記の三つの教科・領域の授業では「円づくり」をします。５日間のどこかで必ずやります。前項の朝の会のハイタッチ同様，円づくりの様子でクラスの今の状態がよく見えます。つくるまでの過程（時間や協力の様子），円の状態（美しい形になっているか）をよく観察しましょう。円は中心から一人一人までの距離が等しいので，それだけで認め合う雰囲気が生まれます。はじめに「道徳とはどんな授業か」と問うと，「心」に関する意見が出ます。

そこで「今の心の色を自由にぬってみよう」と呼びかけ，それぞれの色と理由を時計回りで発表します。なかには「クラブ活動の抽選に漏れて，今はグレーです」と言う子もいますが，それもみんなで認め合います。「心は見えないけれど，みんな違って素敵な心です」「どんなときも自分の心を大切にして，幸せのコップをいっぱいにしましょう。そして，あふれ出た幸せを，友達の心にお裾分けしましょう。みんなが幸せになりますね」と伝えて終えます。

4日目

尾形　英亮

4日目にすること

4日目は一人一人の「願いの見える化」に注力しましょう。

4日目の流れ

❶個人目標づくり

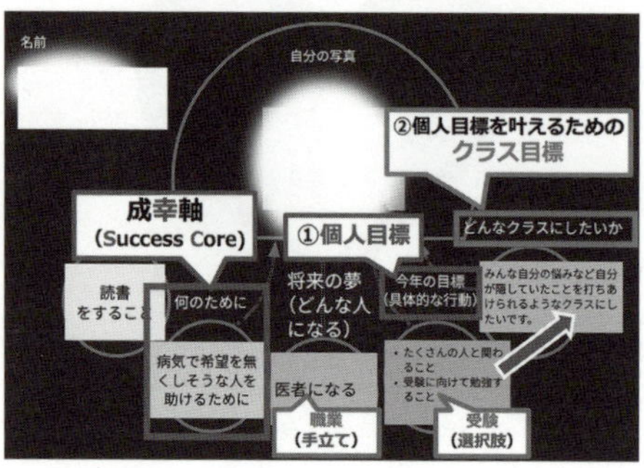

児童が作成した自己紹介カード

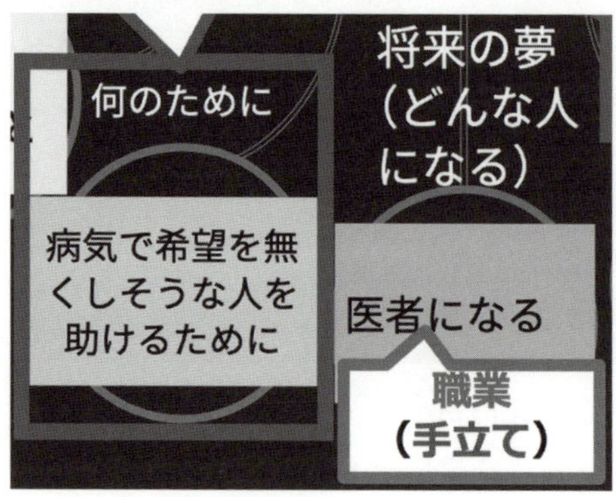

クラスに心理的安全性や所属感が生まれつつある4日目。私はこのタイミングで子どもたち同士の自己開示を提案します。それが「自己紹介カード」の作成です。よって，自己紹介は初日から慌てて取り組まなくてもよい活動だと考えています。

「自己紹介カード」はロイロノート内の思考ツールなど，ICT ツールを活用すると，作成・共有・途中修正がしやすくなります。

「好きなこと」という簡単な項目で助走をつけてから，「何のために」「将来の夢（どんな人になる）」「今年の目標」「どんなクラスにしたいか」という4項目を書きます。あえて将来の夢の前に「何のために」と項立てしました。私はこれを「成幸軸（Success Core）」と呼んでいます。「将来の夢＝職業」となる傾向がありますが，本来は「何のために」が頭にきて，それを実現する手立てとして職業があるはずです。例えば「人の生命を救うために」という目的のためだったら，医者だけでなく，警察官や消防士でもいいわけで，職業にこだわる必要はありません。目的なくその職業に就いてしまうと，不幸な医者や不幸な教師になる可能性だってあるわけです。目的→目標という思考が幸せな人生につながる，という話をします。

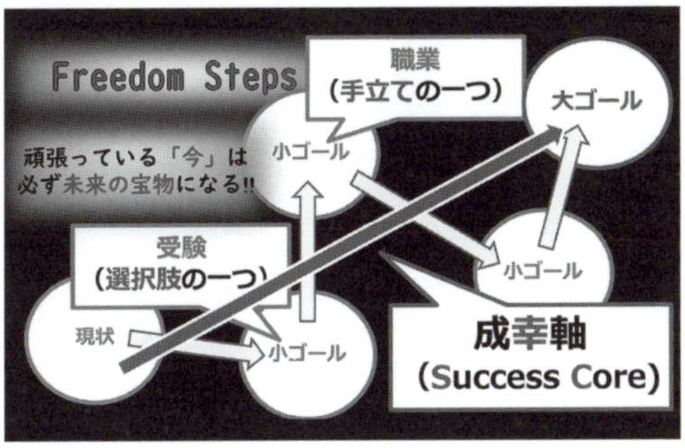

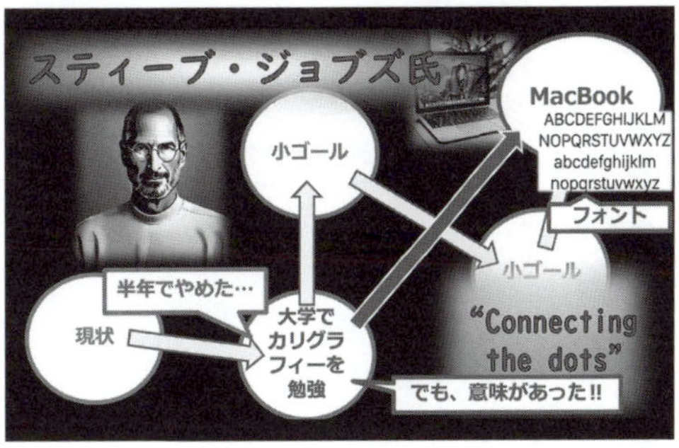

さらに子どもたちには，回り道をする幸せな人生の歩み方を共有します（「Freedom Steps」と名づけました）。受験も就職も小ゴールの一つに過ぎません。例えば，スティーブ・ジョブズ氏は，大学をわずか半年で中退しています。しかし，興味をもって学んだ数少ない講義の一つだったカリグラフィーが，その後の MacBook のフォント作成に役立ったのです。つまり，人生で起こるできごとはすべて意味があり，一時の結果に一喜一憂する必要はないのです。

以上のように，「将来の夢」「今年の目標」という自分軸を明確にすることで，初めて「どんなクラスにしたいか」という思いが湧き，学級目標づくりへの意欲が高まるのです。ですから，この個人目標→学級目標という順番はとても大切です。

❷ 絵本の読み聞かせ

5日間のなかで必ず行うのが絵本の読み聞かせです。絵本には力があります。6年生でも行いますし，落ち着かない雰囲気のクラスほど，毎日読み聞かせの時間を設けます。必ずどこかのタイミングでクラスが変わります。黒板前の床に集まって座った子どもたちは，6年生でも楽しそうです。体の距離が近くなると心の距離も近くなり，教室に一体感が生まれます。また，子ども同士の距離感など，今のクラスの状態も把握できます。

私は右の絵本を，学級目標づくりの前によく読み聞かせます。ディスレクシア（発達性読み書き障害）の主人公トリシャを，担任のフォルカー先生はあたたかく支援します。トリシャは見事障害を克服し，絵本作家になります。そう，トリシャはこの絵本の作者なのです。「先生は，フォルカー先生のようになりたい。決められた基準のなかでその子を評価したくない。一人一人に必ずよさや才能がある。みんなでお互いの存在を認め合うクラスになってほしい。だからみんなで進むゴールを考えましょう」と学級目標づくりにつながる話をして終えます。

【参考文献】
- パトリシア・ポラッコ作・絵，香咲弥須子訳『ありがとう，フォルカーせんせい』岩崎書店

5日目

尾形　英亮

5日目にすること

5日目は「学級目標の見える化」に注力しましょう。

5日目の流れ

❶ 学級目標づくり

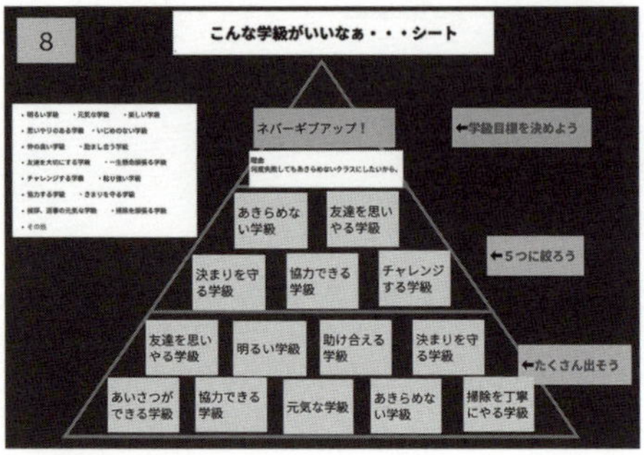

「学年や学級は，海に浮かぶ船です。目的地がなければ，ずっとそこに浮かんでいるだけです。このクラスの旅の目的地をみんなで決めましょう」と趣意説明をします。

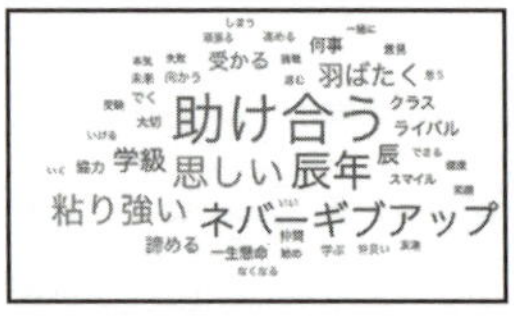

1　四人グループをつくり「こんな学級がいいな」というキーワードを，ロイロノート上のピラミッドチャートに書き出す。
2　五つに絞ったら，共有ノート内の他のグループのチャートを見る。
3　他のグループのチャートも参考にしながら，各グループで目標を考える。
4　各グループが作成した目標を，教師がテキストマイニングに打ち込む。
5　テキストに大きく表示されたキーワードを使って，学級目標をまとめる。

「それぞれの個人目標を叶えられる目標が，学級目標です。みんなでお互いの目標を応援し合いながら，学級目標に向かって進んでいきましょう。お互いにドリーム・サポーターになることで，みんなで個人目標も学級目標も達成しましょう」と一年間のなかで何度も伝えます。「このクラスにいれば，きっと夢を叶えられる」と勇気づけられる居場所づくりを目指します。

❷ 個別最適で協働的な学び

学級目標は飾りではありません。目標として機能していくことが大切です。その一番の近道が，毎日の授業のなかで学級目標を意識することです。教科の目標と学級目標を同時に達成できるよう，子どもたちが協働します。つまり「学級づくり」と「授業づくり」を分けて考えないのです。「クラスの学級目標は？」「あなたが学級目標のために最近やったことは何ですか？」このような質問に，どの子も答えられるようになることを目指しましょう。

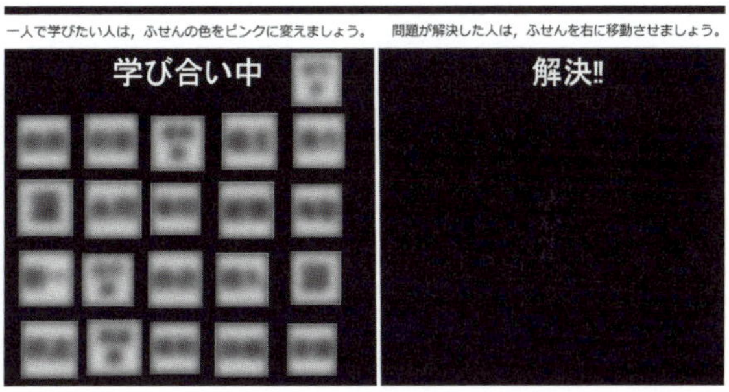

①本時のめあてを確認する
　理科の授業例：「○分までに，クラス全員が考察をもとに結論を書くことができるか」
　➡教師は「○○（学級目標）に近づくために，協力して学び合おう」と声かけをする。
②全員達成を目指して，自分たちで学び方を自己選択・自己決定して学習を進める
　➡子どもは「立ち歩く」「ペアやグループで取り組む」「一人で学ぶ」など，課題解決までの学習方法を自分で選ぶ（途中で変更してもよい）。
　➡教師は「誰が指名されても大丈夫なように，考えて行動しよう」「○○さんが困っているね」「『教えて』と言えたね」など，その都度学習を促進する声かけをする。
③時間になったら，本時のめあてを全員達成できたか確認する
　➡教師は「めあて達成のために，あなたがしたことは何ですか」とふり返りを促す。

③が大切です。慣れてくると，最初から全員達成のために行動する子が出てきます。協働的な学びの価値を理解したのです。「すごい，学級目標に近づいたね」と教師は驚きます。あるとき学びの姿が大きく変わります。それが学級目標と学習目標を同時に達成した瞬間です。

私がタイ王国で学んだ素敵な言葉が「マイペンライ（気にしない）」です。５日間で学級づくりは完結しません。失敗が多々あっても「マイペンライ」です。失敗も含めて自分自身を丸ごと愛しましょう。そして目の前の子どもたちも愛して，楽しく学級づくりをしていきましょう。

【参考文献】 ●水落芳明・阿部隆幸著『成功する『学び合い』はここが違う！』学事出版

学級開き
授業開き

授業開きとは

鈴木　優太

自学で授業開き

私の願いは，一人一人が自学ができる人になることです。自分を伸ばすための学習が自学です。教科書やノート，端末，何を使ってもかまいません。「自学だ！」と思うことに25分間チャレンジします。その後，ふり返りを書きます。それでは早速，やってみましょう！

スタートからゴールの姿を求めよう

先生方は200日後の卒業式の日に，どんな一人一人に育っていてほしいと願いますか？

授業開きとは，ゴールの姿を子どもたちと共有する時間

です。私は，ずばり，自学ができる人になってほしい。だから，授業開きから自学にチャレンジします。子どもたちには，自分たちで学んでいける力があることに驚かされるはずです。結構やるもんです。そうはいっても，迷いなく教科書やノートを開いて取り組み始める子がいる一方，なかなか取りかかれず戸惑う子も見られるかもしれません。確認しにくる子や成果物を見せにくる子もいるでしょう。どんな学びの姿も，まずはあたたかく受け止めます。子どもたちが重ねてきた学びを想像しながら，一人一人をじっくりと観察します。できていることを大いに認めるように机間を巡ります。私はぎりぎり聞こえるくらいの小声で実況します。学びがじわじわ広がっていくからです。

Ｔ：教科書を隅から隅まで読んでいますね。１時間で一冊全部読めちゃいそうだね。

Ｔ：新出漢字は，あぁなるほど，こうやって練習して覚えるんだ。字も濃くてていねい。

T：端末を使って調べて…へぇ～このアプリさばきはお見事。授業でもやってみたい。

友達の真似をして取り組み始める子もいます。学ぶの語源は「まねぶ」であることも紹介すると，戸惑っていた子たちも，もう夢中で自分で決めた学習に向かっています。自分を伸ばす方法を考え，取り組むことができたら，最強です。中学校も，その先の人生だって，たくましく歩んでいくことができるでしょう。そんな願いを伝えながら「自学で授業開き」です。

★ ふり返りは宝の山

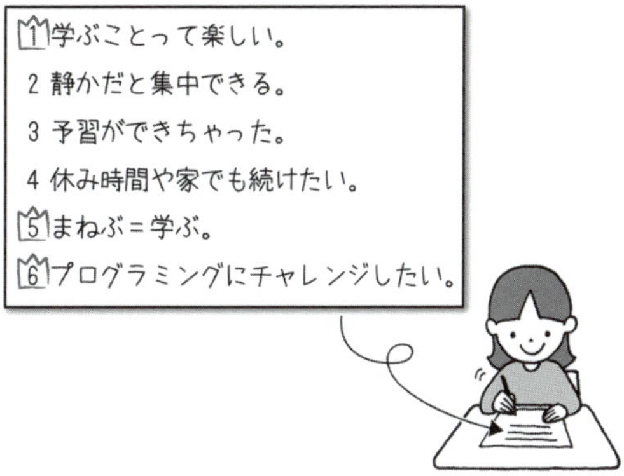

1 学ぶことって楽しい。
2 静かだと集中できる。
3 予習ができちゃった。
4 休み時間や家でも続けたい。
5 まねぶ＝学ぶ。
6 プログラミングにチャレンジしたい。

「自学で授業開き」をやってみたふり返りを書きます。A４サイズの真っ白な紙を使います。万能なのが「ナンバリングメモ」です。文頭に番号をつけるメモの手法です。大事じゃないことも鉛筆を止めないで数多く書くのがコツです。はじめにペアで20秒ずつ気づきを聴き合います。

C：１　学ぶことって楽しい。　C：２　静かだと集中できる。

C：３　予習ができちゃった。　C：４　休み時間や家でも続けたい。

列指名をし，このような数人の発言を番号つきで板書します。子どもたちは，まずは同じように書き写します。５～10の番号を板書したら，すかさず子どもたちに投げかけます。

T：１，２，３，４まで書けたと思います。この後，２分間で，５まで書けそう？　６，７まで書けそう？　おぉ！８，９は？　やるなぁ。もう10以上書けそうだ？　すごいなぁ。鉛筆を止めないで書き続けられるといいですね。やってみましょう。スタート。

タイマーが鳴ったら挙手で数を確認します。全員が一言ずつ輪番で発言します。教師は番号をつけて板書します。子どもたちは，自分の紙に書き足していきます。否定的な意見は，受け止めつつも黒板には書きません。肯定的な言葉の数が多くなると，達成感を感じます。書き足したなかから特になるほどと思ったことを各自が三つ選び，赤鉛筆で印をつけます。「なるほどベスト３」です。大事なことは後から選びます。発散→選択が万能な学び方です。

実感のこもった気づきが宝物。これらが子どもたちの必要感ある学習ルールになります。

〈授業開き成功のポイント〉

□スタートからゴールの姿を求める

自学で授業開きを行うと，「自学！」が学級の合言葉になります。

□ふり返りはナンバリングメモの数を全員で増やす

友達の考えを聴き，考え方を増やしていくことが学び合う教室の第一歩です。

【参考文献】　●鈴木優太著『「日常アレンジ」大全』明治図書

国語

詩を学ぶことで言葉の力を高め合える環境を

樋口　綾香

★ ポイント

❶ 言葉の力を高める教科であること

国語は，言葉を理解したり適切に表現したりする力を育成します。その力が伝え合う力，思考力や想像力，そして言語感覚を養っていきます。言葉の力をつけるとどんないいことがあるかを具体的に子どもたちと考える時間をもちたいですね。

❷ 自分の考えをもつこと

学習を自分事にするには，自分の考えをもつことが大切です。自分の考えをもたなければ，他者と比べたり，よりよい意見を見出したりすることが難しく，学習意欲も向上しません。考えをもつために，言葉に着目して読むこと，考えることの大切さに触れるようにします。

❸ 違いを楽しむこと

自分の考えをもつと，他者と交流したときに同じ考えではないことに不安になることがあります。しかし，一つの言葉に多様な意味があるように，考えも人の数，言葉の数だけ多様になっていくのが当然です。この違いを楽しむことが国語の授業のよさであることを実感できる授業をつくります。

★ 言葉や生活，感性が豊かになることを学習の目的とする

国語の教科書には，どれも巻頭に詩が掲載されています。詩を学ぶよさとは何でしょうか。私は，「1時間で国語の基本を押さえられる」，「オープンエンドな学び」，「個性を尊重できる」ことにあると考えています。

長期休暇明けの子どもたちは，生活習慣に乱れが生じている場合があります。詩の学習を通して「読むこと」「書くこと」「話すこと」「聞くこと」といった国語学習の基本をゆるやかに整えていきます。

詩をどのようにして楽しむかを子どもたちに聞いてみましょう。音読する，視写する，技法を見つける，創作する，情景を想像する，絵に表す，話者を想像する，作者を調べる，写真や音楽をつける，などこれまでの学習からきっといろいろな詩の楽しみ方を答えてくれるはずです。それらのなかから，自分が楽しむ方法を選んで実行します。

音読の仕方や技法を学ぶことは，知識や技能を習得することになりますが，授業開きの詩の学習ではこれを目的とせず，言葉や生活，感性が豊かになることを目的として詩を読むことをおすすめします。詩は「こう読まなくてはいけない」というものではなく，「こう読める」を味わうものです。答えは一つに決まっていないため，自分の意見をもつことのハードルが下がります。「話者はどんな人だと思う？」「この言葉にはどんな意味があるのかな？」「お気に入りの一文を選ぶとしたらどれ？」などと子どもたちに聞いてみてください。答えは実に多様になるはずです。そして，子どもたちの考えに対して「なぜそう思ったの？」と問い返してみます。すると，一人一人がどのように言葉の見方・考え方を働かせているかを感じることができるでしょう。一人一人の考えの違い，読みの多様性が個性を尊重することにつながります。クラスに30人いれば，30通りの読みが存在することをみんなで味わうことを繰り返しているうちに，言葉をていねいに扱い，自分の考えも他者の考えも大切にできるクラスに育つでしょう。

一部を隠す→創作する

読みを多様にするためには，想像力を駆り立てる工夫と，創作活動が最適です。そこで，詩の一部を隠して想像力を膨らませ，続きを創造するという活動を紹介します。
①教科書の巻頭詩を一瞬見て教科書を閉じる。
②黒板に詩を写し，一部を空白にして示し，そこに入る言葉を想像する。
③ペアやグループで交流した後，全体で交流する。
④問い返しによって，なぜその言葉を入れたかを伝え合う。
⑤教科書を開いて詩をじっくり読み味わう。
⑥第三連に入れる言葉を考えて，詩を創作する。

学級掲示で居場所づくり

詩を創作したり自分なりに味わったりしたものは，画用紙などに書いて教室に掲示します。同じ詩を読み，同じ型で書いても，できあがる詩は一つとして同じものはありません。情景を想像して描いた背景の色が違ったり想像した話者が違ったり，違いを楽しむことができたら，掲示されたものを見ながら「その子の個性」を認め合える雰囲気が教室のなかに醸成されていきます。これが学び合う関係性を生み，教室が言葉の力を高め合える環境になっていくのです。

社会

自ら問いかけ，考える子に育てる

紺野　悟

ポイント

❶資料（写真，絵，イラスト，図，表，グラフ）の提示を工夫しよう！

資料の提示を少し変えるだけで学習者の思考が変わります。教科書に掲載されている縄文時代と弥生時代の想像図を二つとも提示します。すると学習者は全体的に比較して見るようになります。一方，縄文時代を先に読み取った後に弥生時代を提示した場合，すでに縄文時代で読み取ったことを観点にして弥生時代を見るようになります。このように提示の順序を意図的に変えることで，資料の見え方が大きく変わってきます。

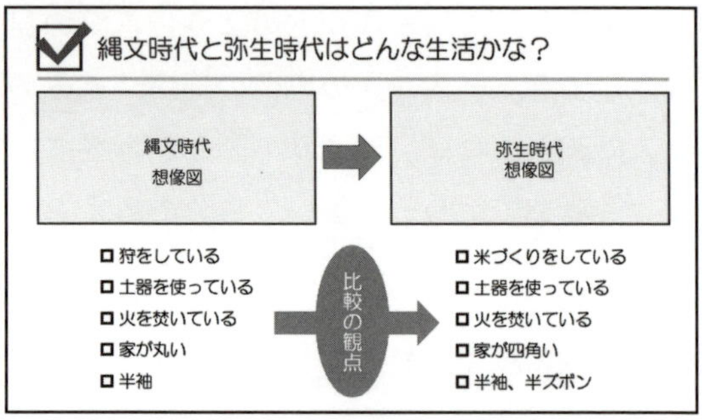

❷資料（写真，絵，イラスト，図，表，グラフ）の見方を学習しよう！

社会科は「資料が命」と聞いたことはありませんか。特に６年生はこれまでよりも多く，難しい資料を扱います。しかし，読み取ることができなければ資料にはなりません。読み取れるようになるために，「見てわかること」「考えられること」の二つの問いが重要です。

❸社会科四年間の系統性を理解して始めよう！

社会科は３年生から学習が始まります。６年生の学習を始める前に，これまで何を学習してきたか確認し，単元のつながりを学習指導要領解説を参考に確認しましょう。

社会科６年の授業開きの実際

教科書の目次前後に，５年生で学んだこと，６年生で学ぶことが一覧になっているページがあります。そのページを使用した社会科授業開きの授業例です。

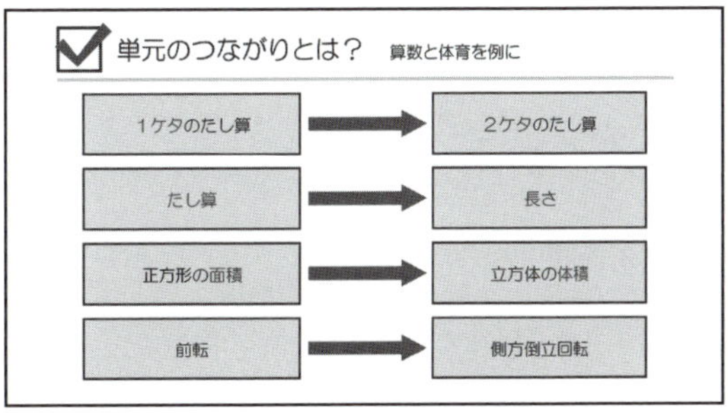

①「５年生ではどんな学習をしましたか？」と問い，発表に合わせて資料を提示していきます。

②「６年生では次の三つの単元を学習します。１枚ずつ提示しますので，資料を見てわかることをノートに書きましょう」と言って資料を提示します。**ポイント❶**

- １枚ずつ提示を３回繰り返します。
- はじめの授業ですから，ていねいにできるだけ多くの人が難なく取り組めるように配慮をして行います。
- 右の資料のように，「見てわかること」とは何を書けばいいのか説明をしてから行います。**ポイント❷**

③「５年生の単元と６年生の単元はどのようにつながるでしょうか。線で結びましょう」**ポイント❸**

- 右の資料のように，算数や体育に置き換えてつながりを説明します。
- この説明があることで単元のつながりのイメージが理解できます。

【子どもの反応例】

- ５年の学習したことを「世界の中の日本」で比べられそう。
- 「生活と政治」は生活の部分で工業生産とつながっている。

④「６年生の学習は『わたしたちの生活と政治』『日本の歴史』『世界の中の日本』と進んでいきます。どんなストーリーがあると考えられますか？」**ポイント❷**

- 「考えられること」は「資料を見てわかること」をできるだけ出した後，取捨選択して導き出していきます。
- 「見てわかること」と違ってだんだんとできるようになるものです。
- この二つの問いを繰り返すことで主体的な学習者へ育っていきます。

【子どもの反応例】

- だんだん世界に広がっている。　・今の日本の様子を知ってから過去に戻る。

⑤「５年生では○○の学習をしてきました。６年生では△△の学習をしていきます。つまり，小学校四年間の社会科ではどんなことを学びますか？　想像してまとめに書いてみましょう」

- ○○と△△は③④で出た子どもの意見を入れます。

⑥「最後の社会科の時間に同じ質問をします。そのとき，このまとめを読みましょうね」

【参考文献】　・阿部隆幸・紺野悟・海老澤成佳著『全単元・全時間の流れが一目でわかる！　社会科６年　365日の板書型指導案』明治図書

算数

「考える楽しさ」と「学び方」を意識しよう

芳賀　雄大

ポイント

❶ 考える楽しさの実感

子どもが考えることが楽しいと実感し，その後の授業でも意欲的に考える土台づくりをします。

❷ 算数の学び方の価値づけ

子どもが考え続けられるように，算数の学び方を価値づけます。

❸ クラスの実態に応じて問題を調整する

クラスの実態に応じ，４月の時点で育てたい力を明確にして，扱うべき問題を調整します。

算数を学ぶ楽しさを実感できる問題

「今年の算数の授業，楽しいといいなぁ」

算数が「得意・苦手」「好き・嫌い」に限らず，多くの子どもが今年の算数授業に期待を寄せているはずです。とすれば，まずは楽しさ。大切にしたいのは，算数が「苦手・嫌い」な子どもを含めた全員が，考える楽しさを実感できる授業開きを目指すことです。

> ゆう大くんたちは，10人でかけっこをしました。
> ゆう大くんは，はじめは後ろから４番目でした。
> とちゅうで何人か追いこして前から３番目になりました。何人追いこしたでしょう。

大人でも少し考える文章問題を扱い，以下の①～③の考える楽しさの実感をねらいます。

考える楽しさ①：答えのズレが生じる楽しさ

考える楽しさ②：図で確かめたくなる楽しさ

考える楽しさ③：式の意味を考える楽しさ

正答は３人ではなく，４人です。授業の展開例としては，人を表したマグネットなどを動かし，「３人追い越しただけだと，最初に前から３番目だった人を追い越さないことになる」という考えに気づきやすくします。次に，「式はどうなるかな？」と問いを共有し，「10－３－４＋１」を発見したり，「＋１」の意味を考えたりすることができます。

誤答　（図）○○●○○○●○○○　　（式）10－３－４＝３　　<u>答え３人</u>

算数の学び方を授業開きで価値づける

授業開きや，年度はじめに楽しさだけを重視すると，以下のような子どもが出てきます。

「問題は楽しそうだけど，どうやって考えていいかわからない」

つまり，算数の学び方を知らないのです。算数の学び方とは，算数の自分で考える時間における「自走力」と言い換えることもできます。先ほどの文章問題や４月の単元のなかで，これらの学び方を価値づけることで，子ども自身が力を発揮できるように育てていきます。

算数の学び方①：図・式・言葉で考え続ける

- 「図に描いたことを式にする力は，算数でこれから一年間使いますよ」
- 「式で意味がわからなかったら，図と一緒に考えるといいね」

算数の学び方②：前に習ったことと比べ続ける

- 「たし算やひき算を使おうとしたことは，前に習ったことを使う力ですね」
- 「○年生のときと似た問題を考えている人がいるように，思い出すことが大切です」

算数の学び方③：次に考えることを問い続ける

- 「困ったことがある人は，それも考えるための問いになるね」
- 「他にも式がないかを問い続けると，式変形の考えとして６年生でたくさん使うよ」

教科書教材や，もっと易しい問題を扱ってもよい

すぐさま教科書教材「対称な図形」を扱うのも一つの手です。例えば「くじ引きゲーム～あたりとはずれの違いを見つけよう～」という導入です。あたり＝線対称，はずれ＝点対称ですが，発展問題として「絶妙な場合の図形」を提示します。こうした少し悩むような発展問題により，考える楽しさの実感や学び方の価値づけを目指せるでしょう。

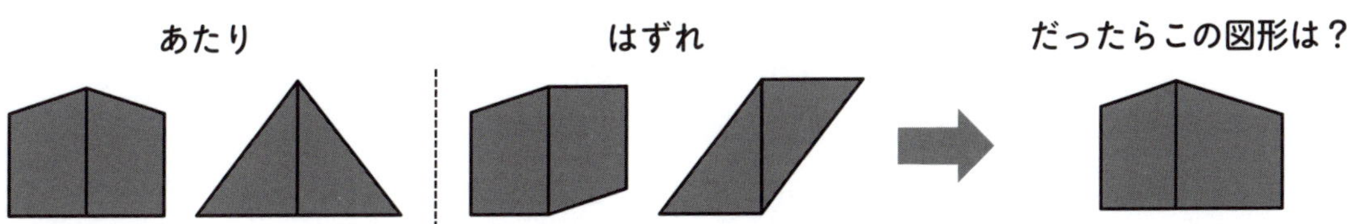

理科

おもしろさと理科の本質を感じる授業開き

吉金　佳能

ポイント

❶ 子どもが理科のおもしろさと学びの本質を感じる

おもしろくなきゃ理科じゃない。理科のおもしろさを存分に感じることのできる授業開きを目指しましょう。プラスして，少しでも理科の学びの本質（後述）を感じられるとよいですね。

❷ 実体験をベースにする

理科は，実体験が真ん中です。授業開きでも，簡単な観察や実験を行うことで，これからの学習への期待感を高めましょう。

❸ 子どもの声を聴く

学習のきまりや理科室のルールの確認，そして教師の理科に対する想いを語ることも大切です。しかし，教師からの一方通行で閉じてしまっては本末転倒です。子どもの声を聴くゆとりをもちましょう。

理科で大切にしたい三つのこと

私は，初めて受けもつ学年の授業開きでは，NHK の番組「考えるカラス」のオープニング映像を見せます。オープニングソングの最後に「観察し，仮説を立て，実験をし，考察する。科学の考え方を学べ。考えるカラス」といったようなフレーズが出てきます。この「観察，仮説，実験，考察」を通して，科学の考え方を身につけることが理科では大切だと話します。そして，理科で大切にしたい三つのことを伝えます。

①自分の発見（他の誰でもなく，自分の発見が大切）
②科学的に考える（実証性・再現性・客観性の三つのキーワード）
③失敗＝挑戦（実験に失敗などない，というエジソンの話を例に）

この三つは，学年問わず大切にしたいことであり，授業開き以外でも，事あるごとに伝えていくことが大切です。

★理科の授業開きの鉄板「サイエンスビンゴ」

理科の授業開きには，迷わず「サイエンスビンゴ」をおすすめします。

サイエンスビンゴというのは，フィールドビンゴから着想を得た自然科学遊びです。

例えば，下の図のようなものです。その時期に校庭で見られる自然を集めています。

理科的な内容だけでなく，子どもたちのコミュニケーションを促すようなマスを作っているのも特徴です。

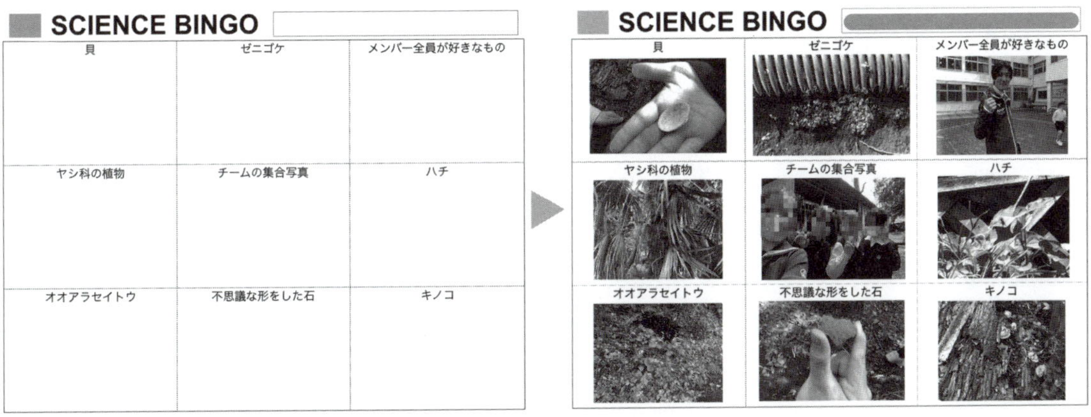

子どもたちは，タブレット端末を持って校庭へ出て，チームでビンゴを楽しみます。

こうした活動で感じてほしいことは，理科は観察や実験が何よりも大切な教科であること，そして，仲間と学ぶ教科であるということです。これが理科の学びの本質です。

いつもの校庭も，理科的な視点をもって眺めることで新しい気づきがたくさんあるものです。また，仲間と学ぶことで，その気づきがより広がることを実感できます。

理科は「Learning by doing」，つまり「なすことによって学ぶ」教科であり，観察や実験といった「実体験」が真ん中です。教師は，子どもと体験をつなげるという意識をもつことが極めて重要です。理科を三年間学んできた６年生の授業開きでは，教師は多くは語らず，こうした体験とともに「６年生でもたくさん実験して，楽しく理科を学んでいこう」というメッセージを伝えるだけでも十分です。

気をつけたいことは，教師からの一方通行で閉じないということです。

「６年生の理科では，どんなことをやってみたい？」と子どもの声を聴くゆとりをもち，共に学びをつくっていく意識を確認したいものです。

音楽

変声期＆思春期を吹き飛ばす「楽しい」時間を

按田　董花

ポイント

❶ 音源を各デバイスに取り込んでおこう

学級開き・授業開きまでの事務作業時間を活用して，教科書の範奏CDや校歌，毎月の歌などは端末機器にデータで取り込んでおきましょう。どんな場所からも再生できるようになり便利です。

❷ 教材研究は「聴く」から始めよう

音楽の教材研究は，音楽を知ることから。❶で取り込んだ音源を，スキマ時間にとにかく聴きます。先生自身が音楽のよさを知って「こんなところが素敵な曲だよね」と語れると，児童の興味も深まっていくはずです。指導書の内容の理解にもつながり，自分らしい授業づくりがしやすくなります。

誰もが経験する「変声期」に寄り添おう

教科書には5年生から変声期についての記載があります。保健の授業でも扱いますが，ここでは「歌声」を気持ちよく出すための指導として，こんな問いかけをします。

「先生の声って，赤ちゃんのときから一緒だと思う？」

「先生がおばあさんになったとき，今と同じ声かな？」

女性にも変声期があり，これからも声が変わることを伝えると児童は驚いた顔をしていました。太くて力強い低音で世界的に活躍しているバス歌手を紹介するのもよいでしょう。変声期に対するマイナスな印象も，憧れに変わるかもしれません。変声期[※]でも快適に歌うことができる音域はだいたい1オクターブ（ラからラ）という研究結果があります。教科書に掲載されている楽曲は扱いやすい調や音域で示されているものが多いです。まずは教科書の楽曲から取り組みましょう。杉本竜一さん作詞・作曲の「ビリーヴ」が広く歌われている理由は，使っている音域が１オクターブ程度に収められていながら，美しい旋律でつくられているからかもしれません。行事などで教科書以外の曲を扱いたいときは，歌詞や旋律のよさに加えて，音域への配慮も必要です。上図は変声期でも歌うことができるとされている音域を示しています。曲選定の目安にしたり，無理せず部分的に歌うなどの配慮をしたりしてみてください。

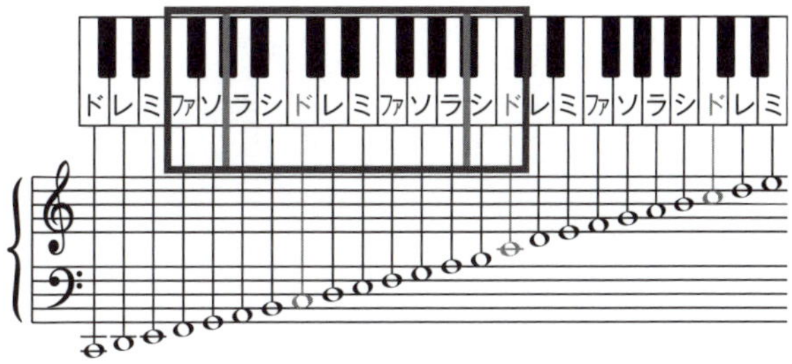

外枠→出すことができる音域
内枠→快適に歌うことができる音域

★ リコーダーで伝えまshow！

声を出すのが苦しい子もリコーダーが苦手な子もできる簡単なゲームを紹介します。

１．解答者と出題者に分かれる。
２．出題者は解答者に見えないようにお題を見る。
３．出題者はリコーダーの音だけで表現する。
～表現する方法～
①お題の音や音楽を表現する　　例）救急車→シーソーシーソー
②お題のイントネーションで表す　例）ブロッコリー→トゥトゥットゥトゥー

①は上級者向けのようですが，音が違っていてもそれっぽく吹いてみると伝わるところがおもしろいです。リコーダーは繊細な楽器なので，音が震えてしまったり裏返ってしまったりするハプニングも楽しみましょう。

授業開きでは，先生や学校の名前，６年○組など，身近なものをお題にします。ジャンルを指定したりヒントを出したりすると，正解しやすくなります。

人によって音の表現の仕方も感じ方も様々です。音楽の見方・考え方は人それぞれだということを実感することができるゲームです。芸術こそ，多様性を尊重する原点のように感じます。ぜひ先生も一緒に音楽の時間を楽しんでください。

【参考文献】 ●髙橋雅子著（2016）「変声期男子が快適に歌える合唱指導法と教材開発に関する研究(1)」山口大学教育学部　（※）第一変声期を「変声期」としたとき

図画工作

豊かに感性を働かせよう！

梅津　晴季

ポイント

❶ 図画工作科＝豊かに感性を働かせる教科

図画工作科は，優れた作品を作ることだけが目的ではありません。形や色に目を向けながら感性を働かせてその美しさを感じ取ること，生活や社会のなかで形や色に対して豊かにかかわろうとしていくことが大切です。作品と向き合うなかで，自己との対話をすることも大事にしています。作品に対する友達の様々な見方・考え方に触れることでも，表現や鑑賞は「自由」であることを最初の授業から実感できるようにしていきたいです。

❷ 気持ちと行動のメリハリを大切に

図工の授業初日だからこそできる指導，やらなければいけない指導があります。それは，「図工室に入る際の心得」を教えることです。教室の広さ，教師と児童間の距離，児童同士が向き合う机配置など，教室と図工室には様々な違いがあります。それらは児童同士が対話をしながら自由に創作活動することには向いていますが，教師が何かを伝える学習にはあまり向きません。また，図工室には刃物や工具などの危険な道具がたくさんあります。図工室を含め，特別教室での学習は，いつも以上に気を引き締める必要があります。児童の「やりたい」に寄り添うことができる教科だからこそ，始業前の気持ちの切り替えは大切にしたいです。

❸ 思いを引き出す・驚く

「褒める」という行為は児童に自信をつけ，よりよいものを生み出す原動力につながる一面があります。一方で「上手な表現をしなければいけない」というプレッシャーを与える側面もあるのです。「どこからそう思ったか？」「そこからどう思ったのか？」と児童の思いを引き出すことが大切です。制作に取り組む児童の姿に教師自身の感覚を重ね合わせ，表現に至ったプロセスや児童の思いに共感したり驚いたりすることが，児童自身がのびのびと自己表現することにつながっていきます。作品としての「結果」だけではなく，それが生み出された「プロセス」に対して一緒におもしろがるスタンスが大切です。

互いの感性に触れよう！「アートカードディクシット」

「形や色に対する見方・考え方」の共通点や違いを感じながら楽しく学べる実践を以下に紹介します。『図画工作科教師用指導書』（開隆堂出版）には，「アートカード」が各巻に３箱ずつ付録されています。本実践はそのアートカードを用いて活動を行います。ホビージャパンが販売している「ディクシット」というボードゲームのルールを参考にして実践を行いました。

〈準備物〉

- アートカード（１グループ１箱）※複数箱準備推奨（どの学年のカードでもOK）

【得点表】

	語り部の得点	語り部以外の得点
全員が語り部のカードを指差す	０点	全員２点
一人だけが語り部のカードを指差す	４点	正解者　：４点 不正解者：０点
上記以外	正解者×３点	正解者　：１点 不正解者：０点

〈ルール〉

①アートカードをシャッフルして山札として置き，６枚ずつ配り手札とする。
②グループで順番を決める。
③１人目のプレイヤー（以下，語り部）が手札のなかからカードを１枚を選び，その絵柄から連想される一文を考えて，声に出して話す（このときに，そのカードの絵柄を他のプレイヤーに見せない。話す一文は，単語一つでも，複数の単語からなる文でもよく，擬音でもかまわない。既存の歌や映画のタイトル，ことわざ，などでもOK）。
④他のプレイヤーは，その一文に最も合っていると思うカードを自分の手札から１枚選び，裏向きのまま語り部に渡す。全員分のカードが集まったら，語り部はシャッフルした後，カードを表向きにして１列に並べる。
⑤語り部以外のプレイヤーは，並べられたカードのなかから語り部が選択した１枚のカードを選び，「せーの」で一斉に指をさす（語り部は投票できない）。※全員一致で正解できてしまうような簡単すぎるヒントや，抽象的すぎるヒントでは，語り部は得点を得られない。他のプレイヤーの感性を想像し，適度なヒントを出すとよい。
⑥１ターンが終わったら，各プレイヤーは手札が６枚になるように山札からカードを引いて補充する。
⑦時計回りに語り部を交代しながらゲームを進める。山札が引けなくなったら終了。最終的に得点が一番高い人が優勝。
⑧活動をふり返り，形や色に対する互いの見方・考え方について感想を交流する。

【参考】
- 「ディクシット」版元：Asmodee Editions　販売：ホビージャパン
- 『図画工作科教師用指導書』開隆堂出版

家庭

自分への通知表を書いて，生活を見直そう

菊地　南央

ポイント

❶ 5年生の学習をしっかりとふり返ろう

６年生の家庭科は，５年生で学んだことが土台となります。授業開きでは５年生での学習内容を概観してふり返り，その後の学習でも必要に応じて活用できるようにしましょう。

❷ 自分の生活を見つめ直す大切さを伝えよう

家庭科の授業はその名の通り，よりよい「家庭生活」を送るための学習です。知識を覚えたり技能を身につけたりしても，家庭生活が変わらなければ意味がありません。授業開きから，自分の生活を見つめ直す機会を設け，よりよく暮らすという目標を共有しましょう。

家庭生活を自己評価しよう

家庭科の学習内容について簡単に説明した後，ワークシートを配付します。

「みなさんは，５年生の家庭科で学んだことを，どれくらい生活に生かすことができていますか。生活の様子をふり返り，１番から７番について右の四角から一つずつ選んで丸をつけましょう」

ワークシートの１番から７番はすべて５年生で学習した内容ですが，生活に生かすことには難しさがあります。その難しさに共感し，自己評価で現在地の確認をしましょう。６年生での学習内容は，新出の知識や技能はありますが，実践が想定される生活場面（領域）は５年生と

ワークシート　見つめてみよう生活時間（1）　　　　名前（　　　　　　　）

学習のめあて	1日の生活のしかたを調べ、生活の課題を見つけよう。

自分への通知表

	生活の様子	たいへんよい	よい	がんばりましょう
1	家事の役割を決めて、自分から取り組んでいる。			
2	毎日、朝食を食べている。			
3	テレビやゲーム、インターネットの時間を決めて、守っている。			
4	家族と一緒に過ごす時間を作り、話をしている。			
5	買い物をするときには、買うものの情報を集めたり、予算を決めたりしている。			
6	とれたボタンや、布がほつれたところを自分でなおしている。			
7	身の回りのそうじや整理整とんができている。			

8				
9				
10				

ひとこと

振り返り

同じです。６年生の一年間を通して，５年生の学習内容を深め，家庭生活にきちんと生かすことができるということを目標にして，児童と共有しましょう。

評価項目を考えよう

ワークシートの８番から10番に入る評価項目を考えます。ほとんどの家庭科教科書は，５・６学年の内容が一冊にまとめられています。６年生で学習する単元の前に掲載されている５年生の学習内容をふり返りながら，よりよい「生活の様子」を考えて書きます。

〈パターン１〉 個人の生活を充実させる視点を大切にした方法

それぞれが考えた評価項目を出し合い，そのなかから自分の生活をよりよくするために大切な項目を三つ選んで書く。

〈パターン２〉 ６年生という年代に求められる項目の共有を大切にした方法

個人で項目案を考えた後に，グループで「６年生で特に大切にしたい項目は何か」という視点で項目を吟味して三つに絞り込んで書く。

８番から10番の項目が書けたら，１番から７番のときと同じように丸をつけて評価します。

「ひとこと」と「振り返り」を書こう

次に，ワークシートの「ひとこと」を書いて友達と発表し合います。

「ひとこと」は，もしも自分が先生だったらどんなアドバイスをするか，先生の立場になって考えるものです。この活動を通して，自分の生活をどのように改善していけばよいのかを考えることができます。効果的なアドバイスをするために，家庭科教科書の６年生の単元を参照するのもいいでしょう。過去には「５年生のときはボタンをおうちの人に付けてもらったけれど，今年は自分で付けましょう」や「５年生のときはお弁当をすべて家族に作ってもらっていたので，今年は準備を手伝いましょう」などのコメントが書かれていました。

「振り返り」では，今日の学習を通して「できたこと・わかったこと・気がついたことなど」を言葉にします。振り返りを家庭生活に生かすことが，明日からのよりよい暮らしにつながることを伝えて授業を終えます。

【参考文献】
● 安達昇・川崎史人・平井浩明編著『みんなとの人間関係を豊かにする教材55』小学館

体育

立ち止まって「見る」

久保木　靖

ポイント

❶任せてみる

　最高学年としてのスタートをうまくきりたい！という気持ちは大切ですが，あえて立ち止まってみましょう。子どもたちは１～５年生まで体育の学習に取り組んでいます。「今までのやり方を見せてほしい」と言ってみましょう。そこから，たくさんのことが見えてきます。

❷短く，たくさん動く

　体育の授業では，多くの子どもたちがたくさん動きたいと思っています。とにかく，どんどん動きましょう。短い時間で区切ることで，「もう少しやりたかった」と思うくらいがちょうどいいです。また，子どもたちの運動の様子から様々なことを読み取ることができます。

「今までのやり方を見せてほしい」

　教師の指示でビシッと並ぶ，一糸乱れぬ準備運動，すでに校庭（体育館）にはカラーコーンや白線があり，ボールも準備されている…。そのような体育の授業開きもすばらしいですが，６年生の体育の授業開きとしてよいのかといわれれば，私は疑問を感じます。

自分たちでできることはやろうとする

　これが，私の考える６年生の姿です。体育の授業前に一言，「今までのやり方を見せてほしい」と言います。全員ではないかもしれませんが，子どもたちは動き始めます。
　体育係などが決まっていなくても，「私がやります！」と言う子がいるかもしれません。今まで係をしたことがあるからと率先して準備体操をする子が出てくるかもしれません。「ラインカーは必要ですか？」と尋ねてくる子がいるかもしれません。大切なことは「見守ること」です。教師がすべて準備していては，このような姿はほとんど見られないからです。

一方で，あまりにいい加減に準備体操をしている，準備に時間がかかっている場合には，注意をします。自分たちで自分たちの楽しく運動できる時間を奪うことはもってのほかです。

★短い時間でたくさん動く～そのとき，子どもは？～

❶ねねね，ねこ or ねずみ！

二人一組となり，真ん中の線から１～２mくらい離れて分かれます。片方が「ねこ」，もう片方が「ねずみ」です。教師が「ねねね…ねずみ」と言ったらねずみが，ねこを追っかけます。このとき，安全のために直線で逃げるように事前に伝えておきましょう。10m先にゴールラインを設けておいて，逃げ切れるか，タッチできたかを競います。見学の子どもに「ねねね…」を言う役割を任せるのもよいでしょう。

❷変形ダッシュ

いろいろな姿勢からダッシュします。うつ伏せ，仰向け，長座姿勢などから10mくらいダッシュをします。これらの姿勢に，「ゴールに背を向けて」「手を使わずに」などルールを加えれば，バリエーションも豊かになります。笛や手の合図ではなく，九九の答えが偶数ならスタートなどもよいでしょう。

❸めちゃぶつけ（体育館がおすすめ）

玉入れの玉やゴムボールなど柔らかいものを使います。できるだけ多くのボールを準備しましょう。相手にボールをぶつけるシンプルなゲームです。ぶつけられたら座ります。ただ，ずっと座っているのではなく，自分の身の回りに落ちているボールを座ったまま投げて，立っている人に当てたらもう一度立ち上がり「復活」することができます。40秒１セット×５回でも十分な運動量になります。

ここで大切なことも子どもを見ることです。安全面の管理ということでよく見ることも大切ですが，「自分の失敗を笑って流せるかどうか」「ルールをしっかりと守れているか」「どれだけ動き続けることができるか」「単純な動きをどこまで楽しめるか」などよく見てみましょう。特に，「各活動後の動き」をよく見てみましょう。カラーコーンやボールなど何も言わずに進んで片づける子どもがいたら，大いに褒めましょう。疲れているなかで現れる言動は注目です。

一年間の体育授業を設計するうえで大切なことが１時間にたくさん散りばめられています。

【参考文献】

- 長瀬拓也編・「THE 教師力」編集委員会著『THE　学級マネジメント』明治図書（城ヶ崎滋雄「ゆっくりとクラスづくりを始めよう」より）
- 甲斐﨑博史著『クラス全員がひとつになる学級ゲーム＆アクティビティ100』ナツメ社

外国語

Small talk / 6 th grade study tour

佐藤秀太郎

ポイント

❶ コミュニケーションする際に意識したいことを伝える

外国語の学習では，活動においてコミュニケーションがとても重要です。私は一番大切にしている「よく聞く（listen carefully）」に加え，「相手の目を見る（eye contact）」「はっきりと話す（clear voice）」「笑顔（smile）」「反応（reaction）」の五つのポイントを意識するように伝えています。また，言葉だけでなく「体で表現（gesture）」することも有効な手段だと付け加えています。１時間の学習の始まりには，本時では特に何を意識するとよいかを子どもたちと共有することが大切です。

❷ ６年生の外国語学習の特徴に注目する

６年生の学習では，５年生までの主に自分の身の回りのことについての学習と比べ，世界のことや環境のことなど，さらに範囲を広げて地球規模の内容になります。三年間学習してきたことを生かすだけでなく，これまで以上に視野を広げて物事を考え，主体的に外国語を使いながら学習しなくてはなりません。授業開きの際に６年生の学びの特徴を共有することで，学習に対する興味や関心を高め，見通しをもって学習に取り組めるようにしましょう。

これまでに学習した表現を使って Small talk しよう

はじめに児童のコミュニケーションの様子を観察するための Small talk を紹介します。

①「好きな○○」など，質問のお題を出す。
②「学習した表現を使って質問する」という条件を伝え，隣のペアと英語で会話する。
③会話のなかで表現がわからなかったなど，児童のつまずきを確認し，全体で共有する。
④前後や斜めなどペアを変え，２回目，３回目の会話を行う。

隣，前後，斜めの席の人…と２分程度の短い時間でペアを変えながらやってみましょう。新しい環境になった直後という状況が「知りたい」「聞きたい」という意欲につながります。この活動のポイントは「今まで学習した英語を使って友達に質問する」という点です。あえて詳しい条件をつけないことで，児童は相手の情報を得るために，これまでの学習をふり返り，使える表現を考えます。「What ○○ do you like?」でも「Do you like ○○ ?」でもなんでもかまいません。自分で使える表現を選び，コミュニケーションできればOKです。このときにうまく話しかけられない児童がいたら，隣で声かけをしながら支援しましょう。

「6th grade study tour」をしよう

❶ 各単元カードを児童に配付する

右図のようなそれぞれの単元に関連するイラストが描かれたカードと色が書かれたカードを児童数に応じて数枚用意します。単元ごとに同じ色のカードにすることでグループがわかりやすくなります。カードを配付したら，自分のカードは他の児童に見せないようにします。この異なる情報をもつ状況（information gap）は児童の知的好奇心をくすぐり，活動への意欲を高めます。

色分けした自己紹介の単元カード例

❷ 同じ色のカードを持つ友達を探す

各色のカードの枚数を全体に示します。ここでも「今まで学習した表現」という条件を伝え，児童は英語での質問を通して同じ色のカードを持つ友達を探します。質問されたら，自分のカードに書かれた色を答え，互いの持つカードの色が一致したらグループをつくります。

❸ 集まったカードに描かれているイラストから学習内容を予想する

示された人数が集まったら，お互いにカードを見せ合い，描かれているイラストからどのような学習内容か話し合いながら予想します。ここでも「学習した表現」を使っていたら褒めるのがポイントです。時間になったら，各グループの予想を全体で共有します。教師は予想を聞き，正解だったら「Congratulation!」と言って全体で拍手をし，間違っていたら，イラストを全体に示して他の児童も一緒に学習内容を考えます。コミュニケーションを通して６年生の学習内容を確認するだけでなく，児童の様子や既習事項の定着度も観察しやすい活動です。

どの活動後も，コミュニケーション中の児童のよかった姿を積極的に褒めることが大切です。フィードバックを続けることで，児童の活動に対する意欲がどんどん高まります。

特別の教科　道徳

自己の生き方についての考えを深める

安彦　俊宏

ポイント

❶ 心構えをつくる授業開きにする

道徳の授業開きでは，今後一年間でどのように学習していくのかという，「心構え」をつくっていきたいものです。

大切にしたいのは，教材を通して，子ども自身が考え，その先に，新たな自分を発見できるようにすることです。道徳は，他の教科と比べて，いわゆる「指導事項」というものはありません。知識として内容を覚える，ということよりも，「自分はどう考えたのか？」が重要です。ですから，「あなたはどう考えますか？」というスタンスで発問し考えを聞くことが大切です。次に，子ども同士の考えの交流も大切です。他者との交流で新たな視点で考えることになり，結果として思考がより深まっていきます。「近くの人と話してみましょう」と多くの交流場面を意図的につくっていきましょう。そんな心構えをつくる授業開きを目指しています。

❷ 6学年の道徳が目指すのは？

では，実際の授業開きは，どんな教材が使われているのでしょうか。教科書会社全6社の教材を調べてみました。結果は，6社のうち3社が内容項目でいうと「個性の伸長」でした。なぜ半数も「個性の伸長」をはじめの時間に配置したのか疑問だったので，各教科書会社のWebページや教科書をさらに調べてみました。そうすると，教科書の表紙や表紙のすぐ裏側に「自分」という言葉が多く使われていることがわかりました。キャッチコピーにもされていることから，6学年の道徳のキーワードは「自分」だと解釈しました。これは，学習指導要領の目標とも合致します。「自己の生き方についての考えを深める」という目標を掲げる学習指導要領の最終学年ということからも納得できるものです。

これらをふまえて，授業開きのアイデアを提案していきます。

道徳のイメージを共有する

様々な実践を見ると，道徳の授業開きでは，「道徳とは？」「これまでどんな道徳の授業をしてきましたか？」というように，これまでの経験について問うことが多いようです。子どもの授業観やイメージを知ることができますし，クラス全体でも共有できることが利点です。

そこで，「道徳の時間は□□を考える時間」と提示することにします。□のなかにどんな言葉が入るか考えさせる活動です。発問は黒板に板書してもいいですが，パワーポイントなどのプレゼンテーションソフトでスライドを作成し教室の大型テレビで提示すると，黒板は子どもの意見を広く板書するスペースとして活用できます。

教材を通して「正解は一つではない」という思いを伝える

道徳のイメージを共有したのち，ある広告をスライドで提示します。この広告のコピーは「正解はたくさんある，が，きっと正解だ」（出典：株式会社パイロットコーポレーション，企業広告2022)。コピーの「たくさんある」の部分だけはスライドアニメーションで隠して提示して，どんな言葉が入るか考えさせます。各自考えさせ，近くの友達とも交流させます。その後，「こんな言葉が入ります」と言って，隠していた部分を提示します。「道徳のイメージが人それぞれあったように，道徳の時間に考えることって，正解が一つではありません。そんなメッセージが伝わってほしいです」と思いを伝えます。

先ほどの「道徳の時間は～」の発表の後に，「自分で考えていていいですね」と教員が認めるのもいいのですが，この教材を組み合わせることで，正解は一つではない，そして，自分で考えることに意味があると伝えられると考えました。

教材を通して「自分なりの答えを探そう」という思いを伝える

さらに，もう一つ広告をスライドで提示します。コピーは「たいせつなのは，すぐにわかることじゃない。ほんとうに，わかること」（出典：早稲田アカデミー）。提示したのち，「本当に，とはどういうことですか？」と投げかけます。心から納得すること，深く理解すること，という子どもの発言を確認したのちに，「この言葉には，どんなメッセージが込められていると思いますか？」と発問します。発言を受け止めて，「道徳の時間は，自分で考えて，自分なりの答えを出すために，一緒に勉強していきましょう」と伝えます。

【参考文献】
- 文部科学省「小学校学習指導要領（平成29年告示）解説　特別の教科　道徳編」
- 小学校教科書『道徳』東京書籍，教育出版，光村図書出版，日本文教出版，光文書院，Gakken

Rocket Start!!

第3章

小学6年の学級づくり＆授業づくり
12か月の仕事術

4月

今月の見通し

6年生＝最高学年を位置づける学級の行動目標づくり

河村　裕晃

今月の見通し

学校行事

- 始業式・入学式…学年で入学式の準備
- 委員会・クラブ活動…学校のリーダーとして
- １年生を迎える会…全体の進行

家庭との連携

- 学年・学級通信…子どもと家庭とつながる装置
- 授業参観…保護者を最強の応援団に

学年・学級

- 学級開き
- 学年目標設定…学級経営の指針
- 個人目標設定…一人一人の願いを聴き合おう

他

- 修学旅行の下見…安全と学びを最大限に
- １年生のお世話…実は，６年生のため

始業式から，学校のために行動する場面が次から次へと訪れます。○○委員長や□□クラブ長は６年生が務めます。１年生の朝の準備の手伝いや，教室を代わりに掃除する仕事も担います。「最高学年」の自覚をもって行動できる６年生になるための実践を紹介しましょう。

学級の行動目標づくり！

学級のなかには，「６年生＝最高学年」と自覚をし，行動できる子がいます。どんな学級にも少なくとも２割はいます。自覚は目には見えません。目に見える行動ができることが重要です。だから，学級目標とは別に「行動目標」をつくります。行動の目標である点がポイントです。

❶ 最高学年のイメージを聴き合う

「どんな最高学年になりたいか」を聴き合います。リーダーシップを発揮する立場であること，下級生を支える立場であることなど，思い思いに語る子どもたち。パスした子も，一通りみんなの考えを聴いた後だと言えることがほとんどです。自分たちの役割を認識するために必要な時間です。かっこつけた言葉である必要はありません。身体を正対して聴き合います。

❷ 掲示物を作る

一人一人が書いた紙を集め，掲示物を作成します。何人かでレイアウトを考えた後，自分が書いた紙を自分で貼ります。一人一人が貼り，掲示物を作成していくことで，最高学年の一員である自覚を促します。

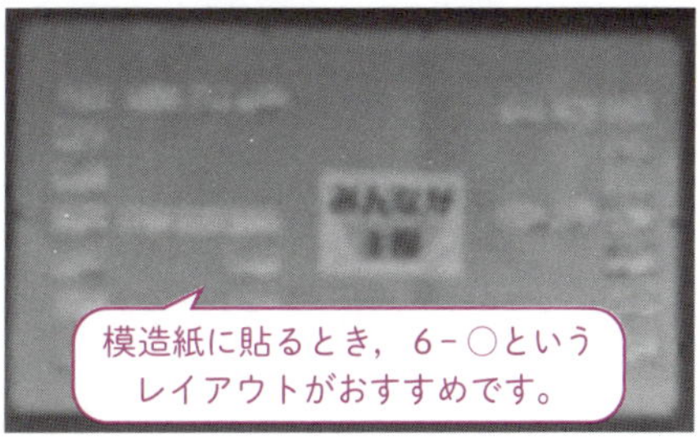

模造紙に貼るとき，6－○という
レイアウトがおすすめです。

❸ 掲示物をもとに，学級の行動目標を考え，書き，掲示する

掲示物ができたら，それぞれが目指す6年生の姿に近づくための「行動目標」を出し合います。例えば，「低学年に一人一日１回以上声をかける」などです。ちょっとがんばればできそうな，シンプルなことがいいです。日直が行動目標のなかから一つを選び，朝の会で発表します。その日の「学級の行動目標」として全員で取り組みます。帰りの会でふり返り，90％の人が達成できたらシールを貼ります。個人の行動目標を個人任せにしない点がポイントです。学級のみんなで取り組むことで行動化が促されます。仲間と取り組むことで達成感が増し，自信がつきます。仲間と一緒に具体的に行動してみることで自覚は育っていくのです。

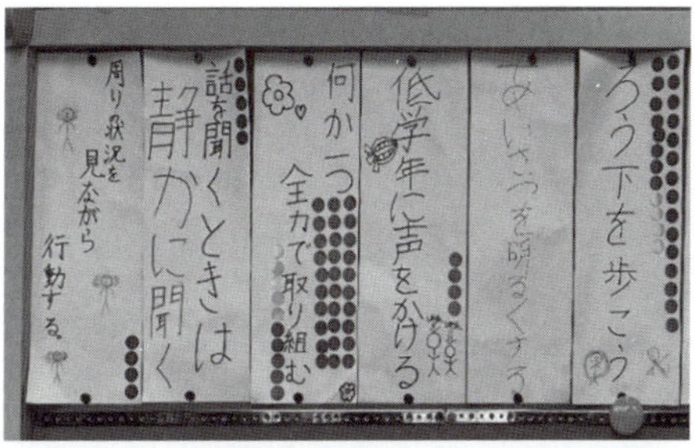

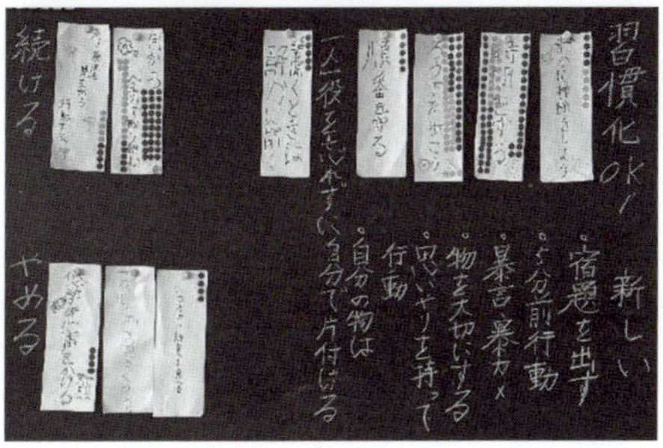

❹ 定期的に学級での行動目標を更新する

学級での行動目標は適宜更新します。２か月に１回など，期間は学級の実態に合わせて変えます。目指す6年生の姿をイメージしながら，「習慣化OK！」「続ける」「やめる」の三つに分類し，新しい行動目標を決めます。「習慣化OK！」の行動目標は，教室のなかに蓄積していくことで成長を実感することに役立ちます。最高学年としての行動と自覚を積み上げます。

【参考文献】
- 卿持勉監修『子どもがやる気になる！教室掲示とレイアウト　目的別アイデア集』ナツメ社

4月 子ども一人一人とつながる「雑談力」

髙橋　恵大

昼休み限定「雑談タイム」

ある日，子どもが一生懸命に話しているのに，私は片手間に聞いてしまっていました。「先生，私の話ちゃんと聞いていますか？」と言われました。ハッとしました。そこで，毎日の昼休みを「雑談タイム」と決めました。

毎日わずかでも子どもたちと雑談する時間を設けましょう。子どもたちは，自分の話を真剣に聞いてくれる教師に対して信頼感を抱き，心を開くようになります。たかが雑談と思うかもしれませんが，効果は絶大です。

雑談マスターへの道：必ず役立つ10のコツ！

雑談の10のコツを紹介します。まずは「一つだけ」でも意識してみましょう。これだけで，雑談がみるみる楽しい時間に変わっていきます。

①まずは，教師が上機嫌でいる

→上機嫌とまではいかなくても，不機嫌でいないことが重要です。

②忙しそうにしない

→のんびりした気持ちで昼休みを過ごそうとしてみましょう。

③質問から始める

→問いかけをスタートにすると，会話が続きやすくなります。

④相手の話を遮らない

→「うんうん」「なるほど」といった相槌を打ちつつ，最後まで話を聞きます。

⑤対等な立場でコミュニケーションをとる

→子どもだからという考えは見抜かれます。一人の人として対等に接します。

⑥話す前に，相手の表情や気分を確認する

→相手が今どんな状態かを考え，「今話しても大丈夫？」と確認してもよいです。
⑦「その人」に特化した雑談をする
→アニメ好きにはアニメについて，スイミングに通う子には「水泳の調子どう？」と聞きます。
⑧雑談は１回限りではないという長期的な視点をもつ
→「今回の雑談はうまくいかなかったな」と思う日もありますが，気にせず続けます。
⑨自分の話を適度にする
→自己開示をしないと考えていることがわからず，怖い印象を与えることがあります。
⑩３Ｓ（すごい・しらなかった・そうなんだ）＋Ｎ（なるほど）
→これを使えば相手が気持ちよく話をしてくれます。試してみてください。

★オリジナル雑談カード

雑談が苦手な先生や，自分から話しかけるのが難しい子どももいます。そんなときは，雑談カードを使ってみましょう。「好きな曲は？」「好きな遊びは？」といった質問を書いた簡単な紙です。これを順番に引いていくだけで，自然と会話が始まります。

数分で手作りできますが，「シャベリカ」(株)教育同人社）といったカードゲームを使うのも，雑談をスムースにする一歩です。また，子どもとの個別面談が設定されている自治体では，アイスブレイクとしても役立ちます。くじを引くようなわくわく感も楽しいです。

〈子どもとの距離のとり方で知っておきたいこと〉

□たかが雑談といえど注意点があることを知る

雑談で子どもと絆が深いものになるのはよいことです。しかし，距離が近すぎることで生じてしまう問題には注意が必要です。親しき仲にも礼儀ありです。例えば，子どもの過剰な身体接触や，叩いてくるようなことがあった場合は「それは，やめてください」とはっきり伝えます。悪い言葉遣いには「その言い方はどう？」と，話を遮ることだって必要です。教師と児童という立場をわきまえ，対応に一貫性をもちます。ぶれのない態度が，本物の信頼関係を築きます。

4月 一年間を支えるICTツール4選

大内　秀平

子ども主体の学級・授業にするためのICT

「NEXT GIGA」という言葉が聞こえるなかでも，GIGA開始当初から今に至るまで，欠かすことができない鉄板ツールがあります。大切なのは教師の活用だけではなく，「子どもがICTを活用して学級や授業をよりよくしていくこと」です。

共有週予定（Google スプレッドシート）

週予定を作成し，子どもと共有します。変更がある場合や，オンライン授業に対応できる場合（別室で授業を受ける子のため）などはセルの色を変えます。子どもたちも係活動や委員会活動の予定をコメント機能で書き込みます。コメントで書き込まれたものを，教師が予定に反映させることもあります。即時共有できるのが魅力です。教師も子どもも見通しをもつことができる，欠かせないツールです。連絡帳を書く必要もなくなります。

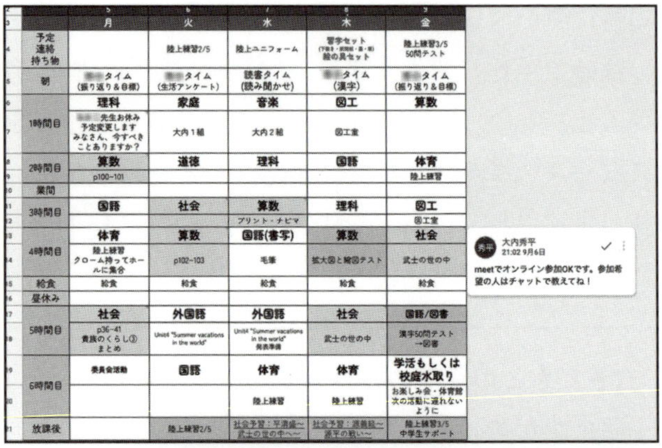

	5 月	6 火	7 水	8 木	9 金
予定 連絡 持ち物		陸上練習2/5	陸上ユニフォーム	習字セット (下敷き・新聞紙・墨・筆) 絵の具セット	陸上練習3/5 50問テスト
朝	タイム (振り返り＆目標)	タイム (生活アンケート)	読書タイム (読み聞かせ)	タイム (漢字)	タイム (振り返り＆目標)
1時間目	理科	家庭	音楽	図工	算数
	先生お休み 予定変更します みなさん、今すべきことありますか？	大内1組	大内2組	図工室	
2時間目	算数	道徳	理科	国語	体育
	p100~101				陸上練習
業間					
3時間目	国語	社会	算数	理科	図工
			プリント・ナビマ		図工室
4時間目	体育	算数	国語(書写)	算数	社会
	陸上練習 クローム持ってホールに集合	p102~103	毛筆	拡大図と縮図テスト	武士の世の中
給食	給食	給食	給食	給食	給食
昼休み					
5時間目	社会	外国語	外国語	社会	国語/図書
	p36~41 貴族のくらし③ まとめ	Unit4 "Summer vacations in the world"	Unit4 "Summer vacations in the world" 発表準備	武士の世の中	漢字50問テスト →図書
6時間目	委員会活動	国語	体育	体育	学活もしくは校庭水取り
			陸上練習	陸上練習	お楽しみ会・体育館 次の活動に遅れないように
放課後		陸上練習2/5	社会予習：平清盛～武士の世の中へ～	社会予習：源義経～源平の戦い～	陸上練習3/5 中学生サポート

学級ポータルサイト（Google サイト，Canva）

デジタル化を進めるうえで基盤となるのが一元化です。ありとあらゆるものが

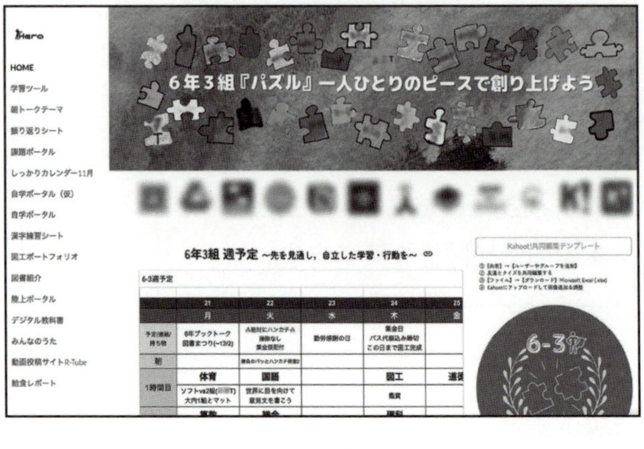

デジタル化されると，どこに何があるのか迷ってしまう子どももいます。Google サイトで作成した「学級ポータルサイト」に日常的に使用するツールやデータを集約します。上記の共有週予定もこのポータルサイトに貼り付けます。「デジタル迷子」になることを防ぎ，スムースにアクセスできるようになります。

授業スライド（Canva，Google スライド）

学習のゴールやそのための学習活動などを，スライドにまとめます。教材研究ノートをデジタル化するイメージです。それを子どもに共有し，共同編集で更新していきます。教師が話して知識を伝達するスライドではなく，子どもが活動しつくり上げるスライドです。学習課題や教師の指示・発問，学習資料，子どもの考えや問い，成果物などの多岐にわたる学習内容が一元化されます。時間や場所にとらわれず自分のペースで学習を進めたり，ふり返りをしたりすることが可能になります。

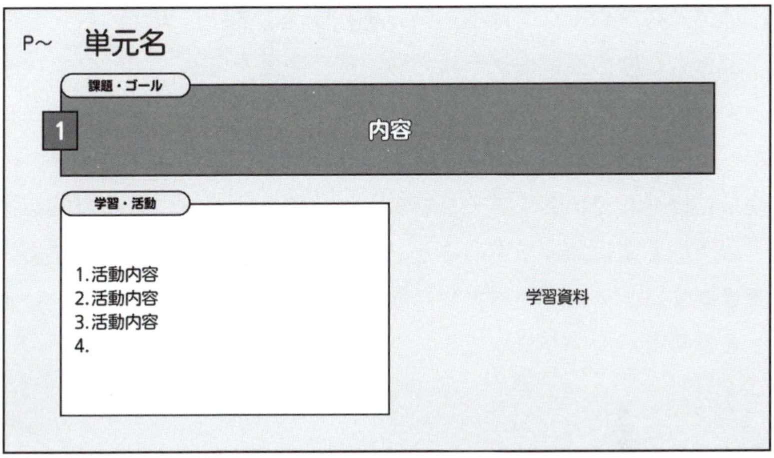

ふり返りシート（Google スプレッドシート，Padlet）

学習のふり返りを入力していきます。すべての学習のふり返りが一元化できること，友達のふり返りを見てコメントできることが魅力です。自分のセルを保護する「セルフ保護」で他人の欄への誤入力を防いだり，「文字数カウント」（＝ LEN）で入力した文字数を可視化したりすることも効果抜群です。

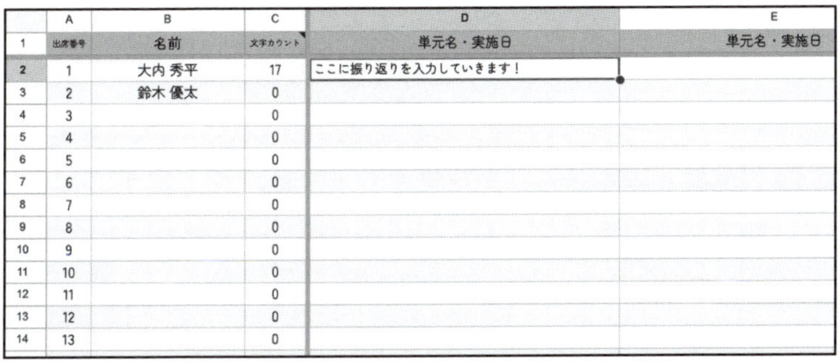

	A	B	C	D	E
1	出席番号	名前	文字カウント	単元名・実施日	単元名・実施日
2	1	大内 秀平	17	ここに振り返りを入力していきます！	
3	2	鈴木 優太	0		
4	3		0		
5	4		0		
6	5		0		
7	6		0		
8	7		0		
9	8		0		
10	9		0		
11	10		0		
12	11		0		
13	12		0		
14	13		0		

4月

レク

⏱ 10分

ロングアイスブレイク

ねらい 席替えをすると，普段あまり話さない子と隣になり緊張感が生まれることがある。以下のようなアイスブレイクを取り入れて，関係をほぐすため。

準備物 なし

髙橋　恵大

★「いま，ここ」を捉えたアイスブレイク

アイスブレイクは，お互いの緊張感や距離感をほぐすために重要です。しかし，ただ一度だけのアイスブレイクでは不十分です。環境の変化，天気，自宅での過ごし方など，様々な要因が子どもたちの感情やクラスの雰囲気に影響を与え，アイスな状態が再び発生することがあります。そこで私は，アイスブレイクを「ちょこちょこ挟む」方式をとっています。長期間にわたって断続的にアイスブレイクを行う「ロングアイスブレイク」により，子どもたちの関係を徐々にほぐしていくイメージです。よい雰囲気が，学級の自然な状態になっていきます。

以下の手順に沿って進めると，段階的に緊張がほぐれ，よりよいコミュニケーションを促進できます。ルールが簡単でやり取りしやすいものから始め，少しずつ頭や体を使うような活動へと進めていくのがコツです。

★「ロングアイスブレイク」の流れ

❶〈じゃんけん〉まずは，じゃんけんをします。ペアで３回戦やったら座りましょう！

アイスブレイクの第一歩は，声を出すことです。声を出すことで体がリラックスし，緊張がほぐれます。誰でも知っている「じゃんけん」から始めると効果的です。全体の進行状況を見ながら，次のアイスブレイクに移りましょう。

❷〈無言じゃんけん〉次に無言じゃんけんをします！　しゃべっては，いけませんよ。勝った数を指で数えます。どうぞ！

無言で行うと自然と笑いが起こるから不思議です。笑顔が最も緊張感を緩和します。

❸〈ペアで共通点みっけ〉次に，共通点みっけを行います。隣の人と三つ以上共通点を見つけてください。学校に今いる。などの当たり前なことはなしです。質問し合ってもいいですよ。１分間です。はじめ！

話をしないとゴールに辿り着けないので，自然とお互いの自己開示が促されます。１分程度でやめ，一番多く共通点を見つけたペアにインタビューして全体で共有すると盛り上がります。

❹〈グループで共通点みっけ〉次は，グループで共通点を見つけます。少し難易度が上がりますよ！　では，スタート！

グループがうまくつくられているか確認しましょう。グループ活動では，場を回す子や話し役が出てくるなど，興味深い動きが見られます。

❺〈いっせーのゲーム〉次はペアでいっせーのゲームをします！　「いっせーのっ！」のかけ声で０か１か２を言いながら０か１か２の指を出します。相手と自分の指の数と言葉が一致したら片手を引っ込めます。一度前でやってみますね！（ルールを知っている子を呼ぶ。）ルールは理解できましたか？　指の数を素早く確認できるように，なるべく指を近づけます。それでは，やってみましょう！

笑いが生まれ，子どもたちの豊かな表情が見られます。

❻〈ふり返り〉最後にふり返りをします。まずはペアで，その後はグループでふり返りましょう！

最初は「楽しかった！」という感想でかまいません。繰り返すうちに，周りの子に目を向けることができる子を評価していきましょう。集団においてのアイスブレイクのポイントは，自分の緊張がほぐれた後，他の子どもたちにも気を配れるようになることです。

変化に気づくには「規模感」が大事です。達人教師でも，100人全員の感情に気を配るのは至難の業です。しかし，どんな人も５～６人程度までであれば，その人の背景を理解しながら「いま，ここ」の状態に寄り添うことができます。学級には30人もの子どもたちがいます。まずは，特に強い感情を示す数名をターゲットに，変化を追ってみましょう。

4月 役立つ実感で思いやりが育つ 1年生のお世話

河村　裕晃

「1年生のためのお世話」という捉え方を変える！

Ｉ年生は，幼稚園や保育園などで靴箱の使い方や荷物の整え方，室内での過ごし方を学んできています。実は，自分のことを自分でできるＩ年生はたくさんいます。６年生のお世話は本当は必要ないのかもしれません。しかし，６年生にとっては，下級生への思いやりを育てる大きなチャンスです。Ｉ年生のために６年生がお世話をするのではなく，「Ｉ年生のお世話をすることで，最高学年として成長することができる」という捉え方が，実はとても大切です。

旧６年生，新１年生の先生にインタビューする！

❶ 旧６年生の先生に聞く

Ｉ年生のお世話を６年生が行う学校は多くあります。しかし，やり方は各学校によって違います。まずは，前年度６年生を担任していた先生方に，どんな活動をしていたか，何人でしていたかなど，詳しく聞きましょう。

❷ 新１年生の先生に提案する

前年度を参考にした提案を，新Ｉ年生の先生方にするのがベストです。新Ｉ年生を担当される先生方も安心してお願いすることができます。

やってあげるのではなく，やったことを褒める

「やってあげるのではなく，Ｉ年生がやったことを褒めるのが大切」と，６年生に教えます。これが，本当の意味でＩ年生のためになるお世話だからです。老子の格言「授人以魚 不如授人以漁」を話したこともあります。「人に魚を与えれば一日で食べてしまうが，釣り方を教えれば一生食べていける」という考え方です。繰り返し伝え続けることが大切です。実際にＩ年生ができたことを褒めている６年生が見られたときには，その姿を取り上げます。写真や動画

でも OK です。下級生との適切なかかわり方を経験として学ぶと，親や教師への接し方がよい方向に変わっていく子が見られることもあります。

役立った実感が思いやりを育てる

❶ 1年生の担任の先生に来ていただく

ほとんどのⅠ年生が，二週間程度で自分でできるようになります。本来，自分でできることは，お世話をする必要がありません。そこで，Ⅰ年生の担任の先生にお世話を続けるか，終わりにするか聞きます。終わりにする場合には，Ⅰ年生の担任の先生に教室に来ていただきます。Ⅰ年生が下校している６時間目がチャンスです。そこで，Ⅰ年生が成長したこと，６年生への感謝を伝えていただくように事前にお願いしておきます。こうすることで，自分たちの行動が下級生の役に立ったことを実感することができます。

❷ 1年生にインタビューする

６年生がⅠ年生のお世話をしている合間に，Ⅰ年生に「お世話してくれた６年生に言いたいことはありますか」とインタビューをします。インタビューの様子をタブレット端末で撮影します。撮影することが難しい場合には，メモ用紙や付箋に，「お世話してくれた６年生に言いたいこと」と名前を書いてもらいます。ここで大切にしたいのは，誰が言っていたかが６年生に伝わるようにすることです。誰が言っていたことなのか明確になることで，嬉しさが２倍にも，３倍にもなります。その喜びが下級生への思いやりある行動につながっていきます。

私が担任していた子のなかには，Ⅰ年生のお世話をきっかけに，最高学年として成長した子がたくさんいました。休み時間に，Ⅰ年生と遊びながら校庭や遊具の使い方を教えている子がいました。掃除の時間に，２年生の子がこぼしてしまった水を一緒に拭いている子がいました。クラブの時間に，下級生にどんなことをしたいか優しく聞いている子がいました。

このように，Ⅰ年生のお世話は，最高学年としての下級生への思いやりを育てるチャンスになります。「Ⅰ年生のお世話をすることで，最高学年として成長することができる」という捉え方をすることで，最高学年として最高にかっこいい姿に成長していくのです。

逆に，私がⅠ年生を担任したとき，６年生が様々な場面でⅠ年生のお世話をしてくれて，本当に助かりました。「６年生は忙しいから，お世話をお願いしにくい」と思っていた私に，そのときの６年生の担任の先生が，「６年生が必要な場面はありませんか？」と声をかけてくれました。大変ありがたかったです。Ⅰ年生の担任の先生のなかで，私と同じように感じている先生もいると思います。６年生の成長のためにも，ぜひⅠ年生の先生方に声をかけましょう。

4月 心の距離を縮める保護者参加型学習参観

塚野　駿平

★保護者は，学習参観に何を見にくるのか

担任している子の保護者に，「学習参観でご来校される際は，何を楽しみに見にこられるのですか？」と聞いたことがあります。すると，多くの方が「自分の子どもがどんな様子で授業に参加しているか」とおっしゃいました。また，同じくらい「学級の雰囲気はどんな感じか」を気にされていることがわかりました。つまり，学習参観では，①「その子の学びの様子」と②「学級の雰囲気」が伝わるような授業が好ましいといえます。

①と②が伝わるためには，一生懸命考えている子どもの姿やグループ内で発表している姿，全体の場で意見を発言している姿，お互いの意見を真剣に聴き合っている姿を引き出す必要があります。ただ，6年生ともなると，普段よりも緊張感をもって授業に臨むことも予想できます。「いつも発言しているあの子が今日はおとなしいぞ？」と感じることもあるかもしれません。そこで，真剣に取り組んでいる子どもの姿も見せつつ，授業を盛り上げる方法を考える必要があります。

★保護者にも学習参観に参加してもらおう

学習参観に有効なのは，「保護者にも参加してもらう」ことです。「授業を見にきたお客さん」という立場から「一緒に授業をつくり上げる仲間」になってもらいましょう。心の距離がグッと縮まります。

❶保護者の意見を聞きにいく＆説明をする

グループ活動の最中に「おうちの方々はどう考えているんだろうね。自分のおうちの方以外にも聞きにいってみよう」とインタビューする時間を設けます。２～３分聞きにいった後，それをグループに持ち帰りシェアします。新たなアイデアが浮かんだり，視点が追加されたりして，話合いが活性化します。

また，「今日の課題に対する自分の考えを〇名以上の保護者の方に説明します」と時間を設

けることも有効です。どちらも，授業に動きが生まれ，雰囲気があたたかくほぐれていきます。学習参観で，保護者にどう参加してもらうか迷った場合は，この方法が一番取り入れやすいでしょう。

❷ ディベートの最終ジャッジをお願いする

国語でディベート大会を開催し，最終ジャッジを保護者にお願いします（例：住み続けるなら都会がいいか，田舎がいいか）。教室前に授業のねらいやジャッジの視点を示しておき，授業の最後にどちらの主張がより納得できたかを判定してもらいます。子どもたちにも事前に明かしておくことで，主張する対象が明確になり，一生懸命さが倍増します。「とても真剣に話す子どもたちの姿に心打たれ，こちらも真剣に一票を入れさせていただきました」という声をいただいたこともあります。

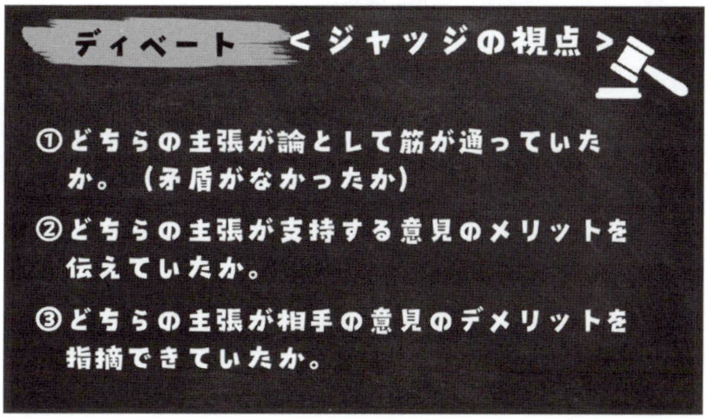

❸ アンケートを授業に活用する

Google フォームで事前にアンケートを作り，QR コードを作成します。当日，教室前に QR コードを貼り，携帯電話などで読み込んでもらいます。授業の最後に保護者の方々に入力していただいたアンケート結果をみんなで見ます。道徳の内容項目「家族愛」では，「家族のためにしてもらったことで嬉しかったこと」を回答していただきました。「元気がないときにさりげなく声をかけてくれて本当にありがたい」という回答から，「何か特別なことをしなくても自分にできることをすればいいんだ！」という子どもたちの気づきを得たこともあります。

これらの心がけで，新担任が保護者からの太い信頼を得るチャンスの場になります。学習参観を成功させるための準備を入念に行いましょう。

〈学習参観の授業構想で気をつけておきたいこと〉

□あらゆることを想定して慎重に授業をつくる

配慮しなければいけないのは，全保護者が参加するわけではないということです。「自分の親は来ていないんだよな…」と感じてしまう子が出ないように「自分のおうちの方以外にも」と一言加えるなど配慮します。

5月

今月の見通し

「対話」と「決断」を迫る6年生の話合い

塚野　駿平

今月の見通し

学校行事
- 運動会…係の仕事や応援団にも全力疾走
- プール清掃…学校の仕事を通して最高学年へ

家庭との連携
- 自宅確認…家庭環境の把握
- 不登校対応…面談をして一年間の見通しを

学年・学級
- 学級目標設定…私たちの道標を決める
- 係活動…創造的なチャレンジで学級が豊かに

他
- GW…ほっと一息，夏までの作戦を練る

5月に入ると学校行事が本格的に始まってきます。早急に話合い活動を始める時期です。6年生を担任し，話合いの時間を設定すると，意見を出すだけ出して，検討せずにすぐ多数決をとろうとしたり，決まったことにいつまでも文句を言っていたりする様子が見られることがあります。話合いも，経験を積まなければいつまでもできるようになりません。

目的はシンプルに示して即実践！

子どもたちに委ねて話合いを行い，長い時間をかけて結論が出た後に教師が「今の話合いをもっとよくするためにね…」などと出ていってしまうと，モチベーションの低下につながります。話合いの目的は，「幸せをつかむため」と，ずばっと短く伝えます。チームスポーツの作戦会議を例に挙げて紹介すると，「みんなでどうすれば課題を乗り越えられるかを考えることだ」と，子どもたちにもイメージが湧きやすいです。

話合いは「対話」と「決断」

次に，「対話」と「決断」からなる話合いの構造を伝えます。「対話」とは，自分の考えを表現し，他の人の考えを聴くことで，お互いの思っていることを確かめ，認め合うことを指します。「決断」とは，物事を決めることです。充実した「対話」がよりよい「決断」につながることを伝え，以下のようなポイントを示します。

①よりよい「決断」ができるように人の話をしっかり「聴く」こと
②「決断」に日常の人間関係をもち込まないこと
③決まったものには，全力で取り組むこと

話合い中，教師は何をする？

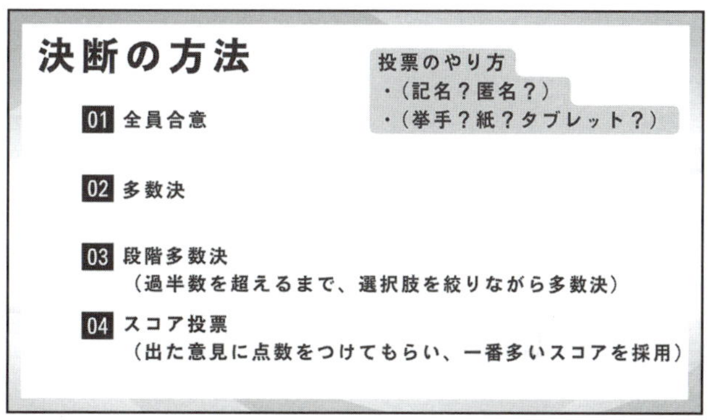

決断の方法
投票のやり方
・（記名？匿名？）
・（挙手？紙？タブレット？）
01 全員合意
02 多数決
03 段階多数決
（過半数を超えるまで、選択肢を絞りながら多数決）
04 スコア投票
（出た意見に点数をつけてもらい、一番多いスコアを採用）

①～③のポイントを子どもたちが意識できるように働きかけます。一生懸命聴いている人や，「○○○○という意見ですが～」など直前に出た意見を受けて自分の考えを話している人を見つけ，「ポイントを意識できています。さすがですね」と，すかさず褒めます。

なかなか意見が出ない場合は，ペアやグループで相談する時間をとります。出てきた意見を分類する作業は，教師がガイド役になって進めてもかまいません。回数を重ねながら，子どもたちに委ねていきましょう。

「決断」が方向性を決める大切な場面です。最も難しい場面なので，まずは教師がリードすることをおすすめします。いくつかの方法を示したうえで，

「今回の話合いだと，○○○○がよいと思うのだけれど，どうですか？」

と問います。その後，決断に移るのですが，ここでもポイントが意識できるようにします。

「『仲のいいあの人が○○○○と言っているから』『自分一人だけが□□□□と言ったら嫌われるから』という理由で決断すると，その後の活動に影響が出ます。だから，自分の気持ちに正直に決断してください」

と伝えましょう。決まった後には，選ばれなかった意見のエッセンスが少しでも入れられないかみんなで相談します。

【参考文献】 ●中原淳著『「対話と決断」で成果を生む 話し合いの作法』PHP 研究所

5月 達成感を味わえる「みんなで！毎日！がんばること！」

河村　裕晃

★学校行事のがんばり・達成感を毎日に

どの学校行事も，６年生にとっては小学校生活最後です。子どもたちは「みんなでするのは最後！」という思いから，今まで以上にがんばります。味わったことのないくらいの達成感を感じる子もいるでしょう。学校行事に向けての時間は，かけがえのないものです。私も子どもたちと一緒に運動会や学習発表会に向けて一丸となって取り組むこと，終わった後の余韻が大好きです。そんな感覚を日常的に味わいたいと願って始めたのが以下の実践です。

★「みんなで！毎日！がんばること！」

❶思いを伝える

まずは，子どもたちに熱く語りましょう。

「みんなで毎日がんばったり，達成感を味わったりする時間をつくりたい！」

と，教師の思いをストレートに伝えます。

❷「みんなで！毎日！がんばること！」を話し合う

４月からの学校生活をふり返り，みんなで毎日がんばることを話し合い，決めます。

〈例〉

朝　→　ハンカチを忘れた人が○人以下・名札を付けていない人が○人以下
　　　　全員が宿題を提出した
昼　→　給食準備を○分以内（昼の放送が鳴り始める前まで）に行う
　　　　全員が給食の準備を静かに行う
帰り→　全員が自分の当番の仕事をした・今日のめあてを達成した人が○％以上
他　→　始業のチャイムが鳴り終わる前に，全員が授業の準備と着席を完了する

（○人以下や○％以上とすると，欠席がいたときにも変わらずにがんばることができます）

この他にも，学級でがんばることを話し合うと，たくさんの意見が出ます。そこで大切にし

たいのは，「みんなでちょっぴりがんばったら達成できそうか」という観点です。簡単すぎず，難しすぎず，「ちょうどいい」を見つける話合いに価値があるのです。

❸ 掲示物を作成し，改良していく

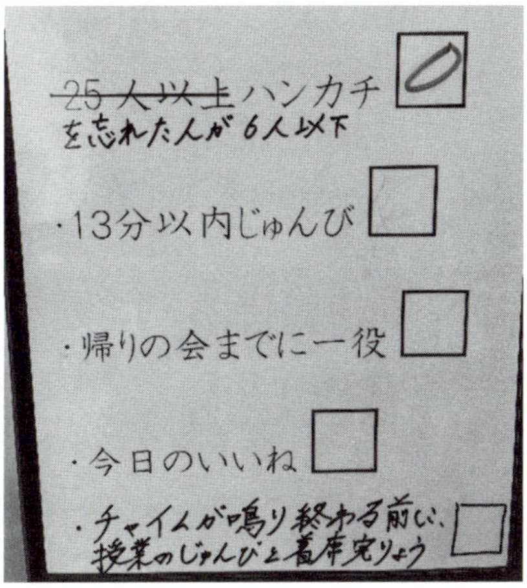

がんばることが一目瞭然かつ，達成できたかどうか印を書ける掲示物を作成します。この掲示物に，達成できた印を書くとき，子どもたちと存分に達成感を味わいましょう。掲示物は，「ラミネートした紙」がおすすめです。ホワイトボードマーカーで書いた印だけを消せば，簡単にリセットができ，毎日取り組みやすいからです。

さらに，「がんばることを少し変えたい」「新しくがんばることを加えたい」というときも，すぐに変更ができます。この場合は，油性ペンで上書きしましょう。

❹ 子どもたちと一緒にがんばり，達成感を味わう

例えば，「給食準備を13分以内に行う」という項目があったら，教師も13分以内に行うことができるように，素早くエプロンを着たり，配膳をしたりします。その全力の姿を見て，「自分もがんばろう！」と思う子が必ずいます。

そして，達成できたときには一緒に思いっきり喜び合います。これが実はとても大切です。心底喜べるくらい，先生も全力で応援し，全力で取り組みます。それが「みんなで！毎日！がんばること！」です。担任として子どもたちと一緒に喜ぶ時間は，かけがえのない時間です。次は12分…11分…10分！と集団を高めていくことにつながります。

〈毎日がんばることの決め方ポイント〉

□全員がそろっている時間に達成できるものにする

６年生は，委員会活動など，休み時間に仕事をしなければいけないことが結構あります。そのため，学級の全員がそろっている朝の会・給食・帰りの会，そして授業時間中に達成できるものが望ましいです。

□期間を決める

期間について話し合います。同じことをずっとがんばると，簡単に達成できたり，なかなか達成できない期間が続いたりします。おすすめは二週間です。二週間毎日達成できたら更新です。より高い行動目標に更新していくためにも，期間の設定が欠かせません。

5月 学級目標に愛着をもたらす「クラスマスコット」

清野　弘平

一年間持続する学級目標にするために

学級目標を話し合うなかで，私がいつも感じていることは，学級目標を決めること自体が目的になっていないかということです。たくさんの時間と労力をかけて決まった学級目標が飾り物になっていませんか。達成に向けて育てていくことが大切です。クラスの象徴である「クラスマスコット」を作ることで，子どもたちが忘れられない学級目標に育っていきます。

クラスマスコット決定までの流れ

下記のような手順で決定します。

①学級目標を決める

例　学級目標：仲間と協力するクラス

②学級目標に愛着がもてるようにクラスネームを話し合い，決定する

例　クラスネーム：クマノミ

（クマノミは数十匹の仲間と役割分担をし，イソギンチャクとお互いの身を守りながら生活します。クマノミのように周りと協力しながら成長できる人になりたい）

③クラスマスコットを決める

- クラスネームに合ったイラストを作成し，応募する。
- 応募されたイラストに Google フォームで投票する。
- 投票からクラスマスコットを決定する。
- 様々な場面でクラスマスコットを活用する。

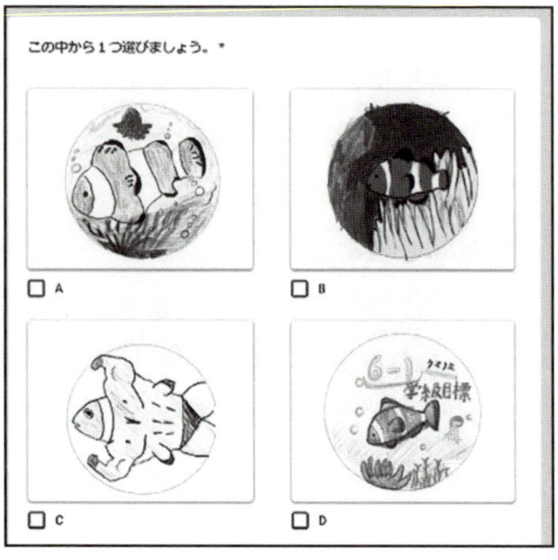

クラスネームやクラスマスコットのように覚えやすいネーミングやキャラクターは子どもにとって親

しみやすいものです。そういったことがクラスへの愛着をもつきっかけになると思います。先日，教え子の卒業生が小学校に遊びにきたとき，「６年生のときのクラスネーム覚えている？」と聞いてみました。そうすると「クマノミです！」と即答していました。「そのときのクマノミシール，まだ大切に持っています」なんて答えた子もいました。

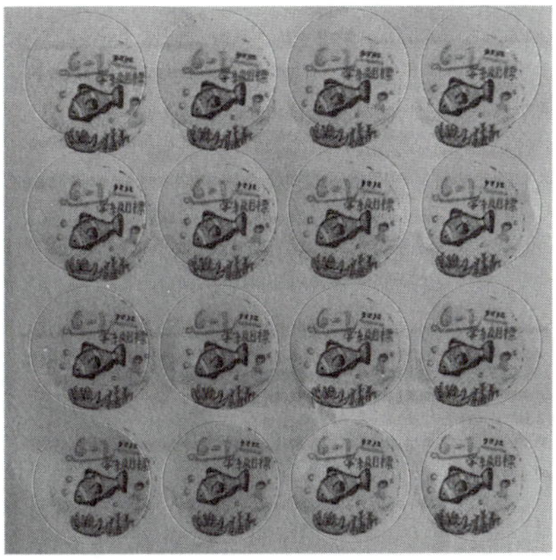

クラスマスコットの活用方法

❶ シールとして活用する

クラスマスコットのシールを作成しました。クラスへの所属意識を高めてほしい願いから，全員に配付しました。

〈クラスマスコットシールの作り方〉

①子どもが作成したクラスマスコットをスキャンして画像データとして保存する。
②無料サイト「ラベル屋さん」（３Ｍ社）でシール用にデザインを修正する。
③「丸シール用台紙（はがきサイズ）」を購入し，差し込み印刷をする。
※プレミア感のある大きいシールは特別な場面で配付しました。６年生でも盛り上がります。

❷ 子どもたちが係活動のなかで活用する

「クラスマスコット」は子どもたちが活用するという面でも使い勝手がいいです。特に子ども主体の活動である係活動では，たくさんの活用場面が見られました。

〈例〉 新聞係：クラスマスコットが学級新聞に登場
イラスト係：クラスマスコット塗り絵選手権を開催
折り紙係：クラスマスコットを折り紙で作る方法を紹介
クイズ係：クラスマスコットに関するクイズの作成
人形劇係：クラスマスコットが主役の人形劇を上映
ギガ係：クラスマスコットがプログラミングによってアニメーション化

子どもたちは大人の私では思いつかないような活用方法を思いつきます。そして何よりクラスマスコットを使えば使うほど，子どもたちが自分たちで決めた学級目標への愛着が深まっているように感じました。

ただし，作成することがゴールではありません。作成するだけで学級目標が達成できるわけではありません。クラスをよりよくしたいと願う気持ちはクラスづくりの土台となります。

5月 係活動からゴールのある「プロジェクト活動」へ

大内　秀平

プロジェクト活動とは

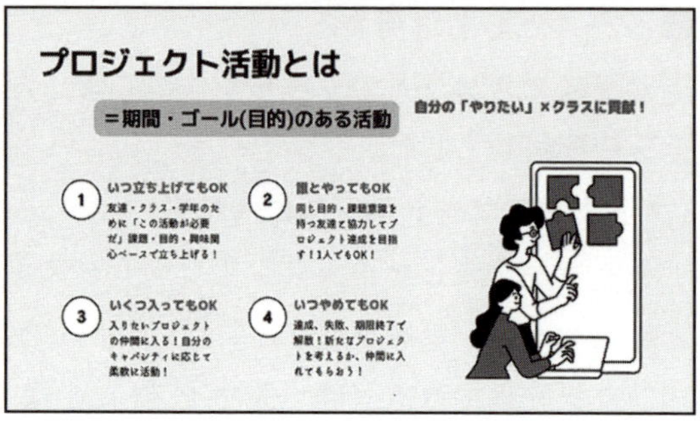

６年生は学校行事や委員会活動で忙しく，学級の係活動との両立が難しいことがあります。停滞した活動に対して，教師があらゆる手立てを講じて活性化していくこともよいですが，もっと子どもの内発的な思いを生かし，必要感をもって取り組めることを目指したいです。そこで「プロジェクト活動」というネーミングにし，システムを変更・拡大していきましょう！

プロジェクト活動は，目的（ゴール）がある活動です。「自分がやりたい」「誰かのためになる」という活動を考え，期間を決めて活動します。行事の実行委員や委員会活動なども，「プロジェクト」として含め，垣根なく活動していきましょう。「いつ立ち上げても，いくつ入ってもOK」など自由度の高いルールで行います。６年生にぴったりのシステムです。

プロジェクト活動の流れ

プロジェクト活動の立ち上げから解散までの流れを子どもたちと確認していきます。

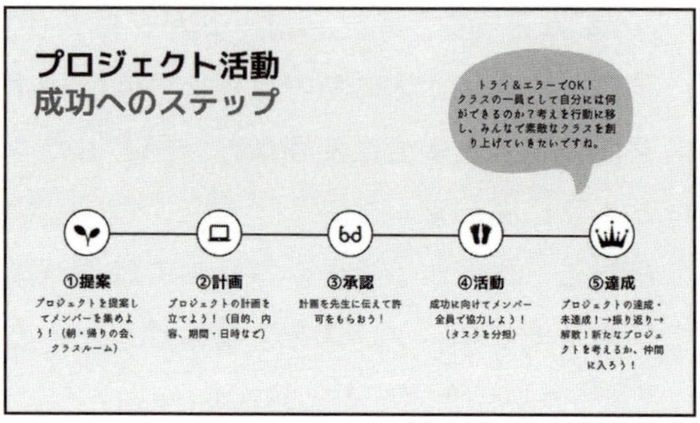

①〈提案〉年度当初に全員が所属を決めるのではなく，目的や必要感に応じて各自のタイミングで始動します。朝・帰りの会や Google クラスルームなどで宣言し，メンバーを募ります。子どもたちは常に一つ以上のプロジェクトに所属するようにします。

②〈計画〉集まったメンバーで活動の目的・内

容・期間などを話し合い，プロジェクトの全体構想を明確にしていきます。学校行事の実行委員や委員会活動の場合も同様に行います。「誰が，何を，いつまでに行うのか」といったタスクを明確にすることが大切です。

③ **〈承認〉**メンバー全員で教師にプロジェクト構想を伝え，承認を得ます。

④ **〈活動〉**ゴールに向けてメンバーで協力します。複数のプロジェクトに所属する子どももいることから，活動時間については調整が必要な場合もあります。

⑤ **〈達成・未達成〉**期日になったら，プロジェクトの達成もしくは未達成で解散となります。最後にふり返りを行います。

同時進行も ICT で一元化

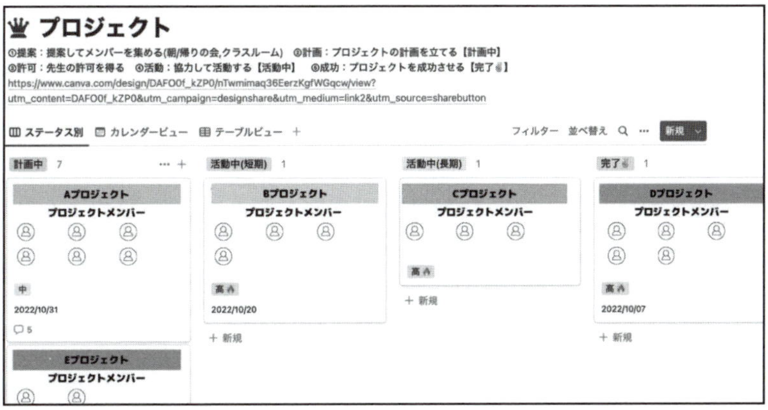

同時に複数のプロジェクトが活動することになるため，全体構想や進捗状況を把握することが複雑になりますが，ICT を使って一元化できます。おすすめは Notion です。「○○プロジェクトは，どんな活動をいつまでに誰がするのか」が可視化されます。子どもたちも教師も，学級内に存在するプロジェクトの全体像を把握することができるツールです。

〈知っておきたいこと〉

□プロジェクト活動の四つの分類と例を把握する

これまで学級で活動してきたプロジェクト活動の例です。参考にしてください。

- つくる系：学級ロゴ PJ，○○さんへ100羽鶴 PJ，教室飾り PJ，思い出ムービーPJ
- 楽しむ系：給食音楽 PJ，お楽しみ会 PJ，ダンス PJ，植物栽培 PJ
- 能力向上系：漢字50問テスト攻略 PJ，プログラミング算数ゲーム PJ，長縄 PJ
- 問題解決系：外遊び推進 PJ，廊下歩こう PJ，挨拶推進 PJ，プールの容積調べ PJ

【参考文献】
- 藤原さと著『協働する探究のデザイン』平凡社

5月

非日常で青春を満喫するプール清掃

河村　裕晃

プール清掃，それは青春

プール清掃を業者が行う学校も増えてきました。しかし，６年生を担当することになった先生方に伝えたいです。プール清掃は６年生で引き受け，子どもたちと一緒に行いましょう！子どもたちが成長し，こんなにも青春を感じられる行事はありません。私も学生時代に友達と遊びの計画を立て，思う存分に楽しみ，帰り道に撮った写真を見ながら思い出に浸りました。まさに青春です。青春とは自分たちで計画・実施・ふり返りをするなかで感じます。これらをプール清掃にうまく組み込めば，青春あふれる行事にすることができます。

事前指導でわくわく感UP

❶ 自分たちで役割分担

プール清掃は主に，プールの床・壁，プールサイド，更衣室を掃除します。学級で話し合って役割分担をします。実は，この話合いにわくわく感が潜んでいます。なぜなら，６年生でも，プール清掃は初めての体験だからです。

❷ 教室で安全・コツ・青春の心構え

初めてのプール清掃なので，安全・コツについて教師から説明します。この説明は，教室で行います。子どもたちが落ち着いて話を聞くことができるからです。さらに，青春の心構えについて話しておくと，プールに向かうまでにわくわく感を高めることができます。安全・コツを土台に，青春が成り立つことも説明します。

- プールのなかやプールサイドは歩くこと（安全）
- 水を流すときには，排水溝に向けて流すこと（コツ）
- 水浸しになったり，汚れたりすることがプール清掃の醍醐味であること（青春）

（※なかには，水に濡れたり，汚れたりすることが嫌な人もいることを話しておきます）

先生も楽しもう

❶ プール清掃を楽しむ先生

子どもたちが青春を感じることができるように，安全に十分気をつけながら，先生が水浸しになったり，汚れまみれになったりして，プール清掃を楽しむ姿を見せましょう。その先生の姿を見て，「楽しそう！」と思う子どもが真似をします。その真似が広がっていき，多くの子どもたちが水浸しになったり，汚れたりします。まさに，プール清掃の醍醐味が広がっていくということです。

❷ 合間に写真撮影

子どもたちとプール清掃を楽しむ合間に，プール清掃の様子を撮影しましょう。プール清掃をがんばる姿，水浸しになっていることを楽しむ姿など，青春を感じる写真をたくさん撮ります。

写真でふり返る

プール清掃後，教室で撮った写真をみんなで見ます。青春を感じる写真を見ながら，級友とプール清掃でのできごとを語り合う格別の時間です。

私の経験上，６年生のプール清掃は，どの子も最後まできれいにしようとがんばります。達成感が大きいからです。きれいにするプール清掃とかしこまるのではなく，「青春あふれるプール清掃」と振り切ってみると，いつの間にかプールもピッカピカになっています。青春とは，まるでみんなで磨いたプールのようにピッカピカに輝くものなのです。

〈プール清掃後に行うとよいこと〉

□６年生に感謝を届ける

プール清掃後の打ち合わせでは，「６年生に会ったときに，『プール清掃ありがとう！』と伝えるように，担任している子どもたちにお声がけください」と先生方にお願いをします。こうすることで，下級生や先生方からの感謝の言葉が届き，自分たちの行動が学校のためになったことを実感することができます。

5月 三つの見取りで深める子ども理解

高橋　恵大

子ども理解のための見取りの視点

子ども理解を深めるためには，様々な角度からの観察が重要です。個々の子どもを詳細に近くで見る「蟻の目」，集団全体を広い視野で俯瞰する「鷹の目」，未来を見通す「魚の目」の三つの視点が鍵となります。これらの視点をバランスよく組み合わせ，子どもたち一人一人の個性や行動の背景，集団のなかでの動きや関係性を深く理解していきます。

三つの見取り

❶「個」を近くで観察する（蟻の目）

「個人を細かく見る，一点に集中する」ことは，ビジネス用語で「蟻の目」と呼ばれます。

子どもとのかかわり後に，反応や変化をじっくり観察することが重要です。子どもが口角を上げて嬉しそうな表情を見せる場合，その言葉かけは効果的だったといえます。指導後にふてくされた態度や納得していない表情が見られる場合，その子がどのような気持ちでいるのかを考え，背景を探ることが大切です。反省しているかどうかもよく観察しましょう。「どうした？　何かあった？」と直接聞く方が早い場合もあります。「先生が見てくれている」と感じることで，信頼関係は深まります。

❷「集団」を俯瞰的に見る（鷹の目）

「集団を見渡し，全体を俯瞰する」ことは「鷹の目」と呼ばれます。

そこで意識的に教室の隅に立ち，全体を俯瞰する時間をとるようにしています。子どもたちの様子をじっくり観察すると，小さな変化にも気づきやすくなります。時には，普段あまり気にかけていなかった子がいたことに気づき，ドキッとすることもあります。

「鷹の目」をもつためには，教師自身がタスクを抱えすぎず，フラットな気持ちで子どもたちを観察することが大切です。目の前の対応にばかり追われてしまうと，俯瞰的に全体を把握することがおろそかになります。図工の時間など，子どもたちが個別に作業している時間を利用して，教室の隅から全体を見渡してみましょう。掲示物を貼りながらロッカーの上に立って，教室を見渡してみることも効果的です。

❸「未来」を見通す（魚の目）

「未来を見通す視点」は「魚の目」と呼ばれます。

変化の激しい時代の流れを読むために，アンテナを高く張ることが求められます。だから，私たち教師は学び続け，自分自身をアップデートしていくことが大切です。そして，30年後の未来から「いま，ここ」をふり返れるような視点をもてると，子どもたちの見方や，目の前の対応の見え方が変わります。おおらかな気持ちで子どもたちとかかわれます。蟻の目で個々の子どもの様子を細かく観察し，鷹の目で集団全体を俯瞰することで，一人一人の感情や考えを捉え，未来につながる子ども理解を深めることができるのです。

〈子ども理解を深めるポイント〉

□子どもたちを育てていくために「多くの目」をもつ

見取ろうとしなければ，見逃してしまうことが多いものです。しかし，見取ったつもりで満足するのは危険です。また，その見取りが絶対に正しいと思い込むこともリスクがあります。だからこそ，子どもたちを見守るために大切なのが「多くの目」です。一人で抱え込まず，様々な視点を取り入れましょう。より正確で，バランスのとれた子ども理解ができるようになります。

6月

今月の見通し

ボードゲームで雨の日に楽しみを

村田　祐樹

今月の見通し

学校行事

- 修学旅行…小学校生活最大で最高のイベント
- 縦割り顔合わせ…愛される６年生への第一歩

家庭との連携

- 授業参観…見せましょう２か月の成長
- 懇談会…一年間の見通しと明確な協力依頼

学年・学級

- 学級目標活用行事…学級目標は育てるもの

他

- 雨の日の過ごし方…雨だからこそ楽しく
- ６月危機…雨降って地固まる

魔の６月とも呼ばれる要注意の１か月です。学級が落ち着かない要素の一つが梅雨です。雨が降った日にむしろ楽しめることがあると，天使の６月を穏やかに過ごせます。

★ ボードゲームを教室に

昨今のブームを受けて，おもしろいルールのボードゲームがたくさん世に出回っています。校庭が使えない日は，ボードゲームで遊べるようにするだけで，雨の日が楽しみになります。ボードゲームをおすすめする理由を三つ記載します。

❶ ルールの確認から協働が始まる

説明書を読みながら基本ルールを確認することが協働への第一歩です。メンバーが話し合って納得できる応用ルールにアレンジしていくことが協働の醍醐味です。教師がルールを説明してしまうと，せっかくの協働のチャンスを奪ってしまっているかもしれません。

❷ ボードゲームを介して新しい関係が生まれる

教室にボードゲームを置くことで，今までになかった人間関係が生まれることがあります。外遊びでは見られなかった人間関係が，ボードゲームを介してつながることがあります。

❸ 気になるあの子も活躍できる

授業ではなかなか活躍の場面が多くはなかったあの子が，ボードゲームでは大活躍なんてこともあります。誰でも活躍できるのがいいところです。

★「自作」ボードゲームにチャレンジ

学年や学校の事情でボードゲームを置くことが難しい場合もあるでしょう。ご安心ください。「自作」してしまえばいいのです。学習のまとめや係活動で作ることもできます。

〈○年○組百人一首〉

国語では，季節の言葉を集めて短歌を作る学習があります。作った短歌を上の句と下の句に分けて，百人一首にします。作られた短歌で遊ぶことができるので，子どもたちは楽しんで新しい短歌をどんどん作っていきます。季節が変わるごとに国語の単元で新しい短歌も増えていくので更新されていきます。自分の短歌が読み上げられると子どもたちは嬉しそうな恥ずかしそうな表情を見せます。短歌作りに慣れてくると，教科をまたいで，学習したことを短歌にして学習内容の定着にも役立てることができます。

〈歴史すごろく〉

歴史の学習のまとめには，すごろくを作るのもおすすめです。点で学んだ歴史を一本の線につなげて考えることができます。また，「○マス進む」や「○マス戻る」は歴史上のできごとを正確に捉えていなければ考えることができません。端末を活用することで無限に広がるホワイトボードに無限に付け足していくことができます。単元ごとに付け足していくとつながりを意識できます。

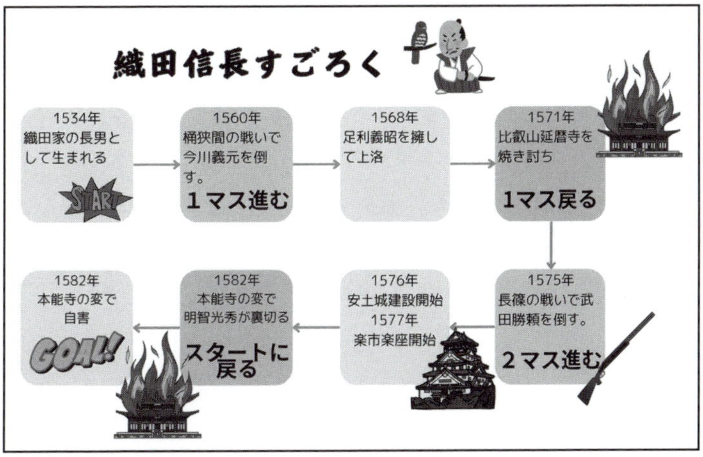

オリジナルのボードゲームが作れるようになったら，どんどん新しいボードゲームが生まれるようになっていきます。室内だからこそできる楽しみ方で，魔の６月も何のそのです。

6月 みんなハッピー 修学旅行のグループ分け

村田　祐樹

子どもにとっては一大事

6月には小学校最大のイベント修学旅行が控えている学校も多いのではないでしょうか。修学旅行に向けた事前学習で一番気を使うのはグループづくりです。教師の我々にしてみたら誰とグループになっても大差ないと思ってしまいます。さらにいうと，何事もなく済むように，教師の意図でグループを決めてしまうなんてこともあります。しかし，子どもにとってみればグループ決めは一大事です。グループ一つで修学旅行が楽しい思い出になったり，嫌な思い出になったりしてしまいます。

○○なグループづくり

グループづくりがなぜそんなに重要になるのかというと，修学旅行の大半をそのグループで過ごすことになるからです。そこで思いきって，場面ごとにグループを分けるのもおすすめです。修学旅行には活動，宿泊，食事，バスなど様々な場面があります。それらすべてで別々のグループづくりをします。そうすることで様々なメリットがあります。

❶ たくさんの友達とかかわれる

複数のグループをつくることで，いろいろな人と過ごす修学旅行になります。そのなかには必ず，仲良しのあの子も，少し苦手なあの子もいます。仲良しの子と短い時間でも一緒に過ごすことができれば，修学旅行の大切な思い出になるでしょう。一方で少し苦手なあの子と過ごした後に，「活動のとき，意外と○○君が頼りになったんだよね」なんて話している子もいました。修学旅行の目的である「よりよい人間関係を築く」にもぴったりです。

また，かかわる人がグループによってどんどん変わることで思い出話に花が咲きます。「私たちのグループではさっきの活動でこんなことがあったんだよ」「バスのなかで，こんなことをしていてさ」など集まるたびに少しずつ違う思い出や経験を持ち寄っているので，話していて楽しいこと間違いなしです。

❷ 多様な決め方を体験できる

グループ決めには様々な方法があります。どの決め方にもいいところがあり，経験していないとそのよさは実感することができません。グループ決めの回数を増やすことで様々な決め方を体験できます。例えば，

活動→班長を中心に話し合って決める

宿泊→自分たちで声をかけ合って決める

食事→くじで決める

バス→教師が決める

のように，グループごとに決め方を変えます。1回きりのグループ決めだと「仲のいい子と一緒になれるかな？」と不安でいっぱいの時間になってしまいますが，何度も様々な方法でグループを決める時間があれば，それぞれがドキドキわくわくの楽しい時間になるものです。また，学級の事情で，どうしてもグループ決めに教師が介入しなければいけないこともあるかもしれません。その際も，食事グループだけでも子どもたちが自分たちで決めることができれば，それ以外を教師が決めても納得できるはずです。

教師なら誰もが「修学旅行を最高の思い出にしてあげたい」という気持ちをもっていると思います。楽しい思い出づくりは，グループづくりから始まります。憂鬱なグループ決めはやめて，ドキドキわくわく，みんながハッピーになるグループ決めに変えてみるのはいかがでしょうか。

〈みんながハッピーになるポイント〉

□グループづくりは4月から行う

修学旅行のグループづくりは，グループづくりの日だけが大切なわけではありません。学級開きをしたその日から勝負です。4月から修学旅行のグループづくりを一つの目標にして人間関係づくりに取り組みましょう。クラスの多くの子どもが誰とでもかかわりをもつことができていれば，グループづくりはそこまで苦労するものではなくなります。

□仲良しがいることはいいことと考える

教師としては，いろいろな人とかかわってほしいという思いから，仲良しのグループを分けたくなります。確かに仲良しというより馴れ合いのグループもあるでしょう。しかし，仲良しということは一緒にいて安心できるということかもしれません。もし教師がグループを決めることになっても仲良しグループを分けることには慎重になりましょう。

6月 予防的生徒指導を生かしたポジティブアプローチ

高橋　恵大

予防的生徒指導

生徒指導というと，何かトラブルが起こってから対応するイメージがあるかもしれません。しかし，課題の未然防止を目指す「予防的生徒指導」が，生徒指導では重要な位置を占めています。この予防的アプローチに力を入れることで，トラブル発生時の対応が大幅に減少し，よりスムースに解決へと導くことができるのです。

生徒指導のイメージを前向きに変えていきましょう。複雑な人間関係のなかで悩むことは自然なことですが，下を向いていては前進できません。止まない雨はないように，人生には雨が必要なときもあります。「恵みの雨」と捉え，生徒指導の在り方を再考する時代が来ています。

ポジティブフィードバック

最も簡単にできる予防的生徒指導が「ポジティブフィードバック」です。子どもの自己肯定感を高め，よい行動が強化されていきます。

教師は小さな成功を見逃さず，細やかに言葉をかけることが重要です。また，具体的に何がよかったのかを伝えるようにします。「友達に優しい言葉を使ったね」や「今日の話合いで自分の意見をしっかり言えたね」といった具合に，具体的な行動を言語化することがポイントです。

私は，子どもの名前を呼んでわざわざ隣に来てもらいます。ここで耳打ちするように「ポジティブフィードバック」をすることがあります。先生に呼ばれると叱られると思いがちですから，褒められたことで特別な時間となります。全体の場で大きな声で伝えることもあれば，個人的に小さな声で伝えることも通して，よい行動が教室に広がっていきます。しだいに，子どもたちの間で「ポジティブフィードバック」が自然と交わされるようになっていきます。

★ポジティブロールプレイ

ロールプレイは，五感を使った体験を伴うため記憶に留まりやすい手法です。「こんな行動をとっている人がいたよ！」と，教師はわくわくしながら伝えることを心がけましょう。

〈手順〉

①朝の会や帰りの会のなかで，前向きな行動場面を演者役の子（と教師）が再現する（演者役は，本人が望ましいです）。
②教師が消しゴムを落とし，演者に拾ってもらった後，「ありがとう」と伝える。
③演者に「ありがとうと言われてどんな気持ちになった？」とインタビューする。
④クラス全体に「他にもこんなシチュエーションがあった？」と問いかけ，共有する。

クラス全体で共有することで，「こうすればいいんだ」という共通理解が生まれます。「予防的生徒指導」がクラスの風土として育まれていきます。教師は，前向きな行動を見つけるたびに「今日はこんな素敵な行動がありました」と，ポジティブなロールプレイを繰り返しましょう。

〈知っておきたいこと〉

□「ダメなことはダメ」と伝える

スポーツの世界では，展開が早いため即座にフィードバックを行うことが重要とされています。同様に，教育の場でも適切なタイミングを見極めることを心がけます。「ネガティブフィードバック」も必要な場面は，当然あります。指導が必要なタイミングを逃すと，子どもたちは「この先生なら叱られない」と行動のリミッターを外してしまうことがあります。伝えるべきことはしっかりと伝えられる関係性が重要です。関係性構築のためにも，「ポジティブフィードバック」をベースとしたかかわりが大切です。

【参考文献】
●文部科学省「生徒指導提要」（令和４年12月改訂版）

6月

「ありがとう」で乗り越える「6月危機」

河村　裕晃

「ありがとう」が「当たり前」になってしまう6月

「6月危機」の正体を知っていますか。瑞々しい気持ちで過ごす4月や5月は，「ありがとう」が教室に飛び交います。しかし，授業や学級のシステムが安定してくる6月になると，授業や学級システムが「当たり前」になってきます。「ありがとう」の対義語が「当たり前」です。6月危機の正体は，「当たり前」と感じ，できないことを責める風潮が学級に生まれることです。そのため，教師からの「ありがとう」，級友からの「ありがとう」があふれる雰囲気をつくることが大切です。

子どもに任せて「ありがとう」

教師からの「ありがとう」を増やす実践です。6年生にもなれば，いろいろなことを自分たちで行うことができます。4・5月に教師がやっていたことを子どもたちに任せ，子どもたちに感謝を伝える場面を増やしましょう。以下は，私が子どもたちに任せた場面の例です。

❶ 学習の場面

- 新出漢字の説明（一人が一つの新出漢字を担当し，読み方や書き方を説明する）
- 教材や教具の準備・片づけ（体育や理科の実験も，教師が見守りながらできる）

❷ 生活の場面

- 整列の指示（列の先頭の児童が，整列の指示をする）
- 給食の指示（給食当番ではない児童が，給食準備がスムースに進むように指示をする）

❶と❷を4・5月は私がしていました。教師がやっていたことであれば，子どもたちは安心して真似ることができます。真似る姿を認め，「ありがとう」と伝えます。「ありがとう」を積み重ねていくと，「これも自分たちでやってみてもいいですか？」と聞かれることがあります。

「積み重ねが実った！」と，とても嬉しくなります。そう聞いてくれたことに感謝を伝え，任せます。まずは教師からの「ありがとう」を伝える場面をどんどん増やしていきます。

いいねカードで「ありがとう」

子ども同士の「ありがとう」を増やす実践です。学級の友達のよいところやよい行動を見つけ，「いいねカード」を書き，カードを渡して伝える活動です。

はじめは10枚ずつ配ります。各自がおたよりファイルで管理をします。

いつ？（朝・1・2・業・3・4・給・掃・昼・5・6・他） どんないいね？ ____________________ ____________________ ____________________ カードを書いたのは？（　　　　　　　　　　）

いいねカードの例（A4に6枚のサイズ）

そして，教室にカードを自由に補充できる場所を設けます。配られるのを待たずに書くことができます。鉛筆削りの横がおすすめです。

カードを書く時間はいつでもかまいません。級友とかかわった直後に書いている姿を見ると，思わず教師も「いいね！」と伝えたくなります。帰りの会に，カードに書いたことを伝える＆カードをプレゼントする時間を設けます。例えば6月はじめの二週間は，「帰りの会で今日のペアの人に必ず1枚以上は渡す」と「渡された側はありがとうと伝える」という活動にしてもよいでしょう。わずか1分間です。この時間に書いて渡すこともできるので，全員が「ありがとう」と伝える機会を確保することができます。帰りの会で「いいねカード」をプレゼントされた子どもは，カードと一緒に嬉しい気持ちも持ち帰ることができます。私が担任した子のなかには，連絡帳に貼って大切に保管している子もいました。

教師からの「ありがとう」，級友からの「ありがとう」があふれる雰囲気をつくり，6月危機を「ありがとう」で乗り越えましょう。

〈この実践を特別にするポイント〉

□「いいねカード」の実践は，子どもたちと話し合い，やめる

「まず，二週間やってみましょう！」と子どもたちに伝え，実施します。二週間経ったら，「ありがとうがあふれる雰囲気がつくれていますか？」と聞き，「もう少し！」という場合には，もう二週間続けます。「つくれました！」という場合には，「この雰囲気を大切に，これからも『ありがとう』を伝えていきましょう。ありがとう！」と終わりを告げます。

7・8月

今月の見通し

夏休み前後の人間関係を整える「月限定メニュー」

髙橋　恵大

今月の見通し

学校行事
- 水泳学習…安全に水辺で過ごす術を学ぶ
- 児童会まつり…子どもが主体になる準備を
- 夏休み…心も体もたっぷりリフレッシュ

家庭との連携
- 保護者面談…時間内に伝えるべし
- 夏休み計画…うまくなろう自分時間の使い方
- 学級通信…思いをのせる

学年・学級
- 夏休み前後学年集会…学年団で作戦会議
- 子ども面談…教師も子どもも尊い時間
- お楽しみ会…後味悪くならない配慮が大切

他
- 夏休みの過ごし方…マナーやルールの確認
- 熱中症対策…喉が渇く前に水分補給

まもなく夏休みです。長時間一緒に過ごしてきたことで，クラス内の人間関係にも変化が生じやすい時期です。ここで朝の会・帰りの会に力を入れると，夏休み前後を右肩上がりで駆け抜けることができます。「月限定メニュー」を試してみましょう。例えば，次に示す二つのメニューを，月限定で取り組んでみませんか？

★ 7月限定！「一日１チャレンジ！」

「友達をつくりたいけど，自分から話しかけるのが難しい」。これは多くの子どもたちが抱える悩みです。そこで，「一日１チャレンジ」と題し，毎日一つ自分の殻を破る活動を取り入れます。この活動には仲間の存在が欠かせません。朝の会でグループ全体に宣言し，帰りの会でふり返ることで，他者のがんばりを見て自分も一歩踏み出すきっかけになります。続けていくうちに，夏休み中に「朝早く起きて勉強する！」というチャレンジを実行する子も出てくることでしょう。夏休み明けには「夏休みどんなチャレンジをした？」と聞くことで，チャレンジムードを引き継ぐことができます。

〈やり方〉

①朝の会で一人ずつ今日のチャレンジを発表する

例：「今日の理科の授業であったか言葉を10個以上口に出します！」「休み時間に普段あまりかかわらない人に話しかけます！」「係活動でイベントを企画します！」

②帰りの会で一人ずつチャレンジの結果をふり返る

例：「今日の理科の授業であったか言葉を15個言えました！」（パチパチ～！）

「休み時間が着替えで終わってしまい，話しかけられなかったです」（パチパチ～！）

「係活動でイベントを企画したので，みんなに集まってほしいです！」（パチパチ～！）

※達成しても未達成でも，明るい雰囲気で終わることが大切です。

★ 7・8月限定！グループで毎日話合い！

グループで話し合うことのよさは，異なる背景や経験をもつメンバーから多様な視点を得られることです。話合いのテーマは，クラスの課題や学級目標に向けた取り組みなど，実態に合わせて自由に設定します。自分たちで考えてみることも，大きな成長が期待できます。ホワイトボードを活用することで，話合いがよりスムースに進行します。

〈やり方〉

①朝の会でグループごとに話し合う

ホワイトボードを各グループで準備してから朝の会を始めます。わずか５分間，膝を突き合わせて話し合ってみましょう。

②帰りの会でふり返る

それぞれの実感を言葉にする，昨日のふり返りと比較する，数値評価を行うなど，グループに適したふり返り方法を設定します。

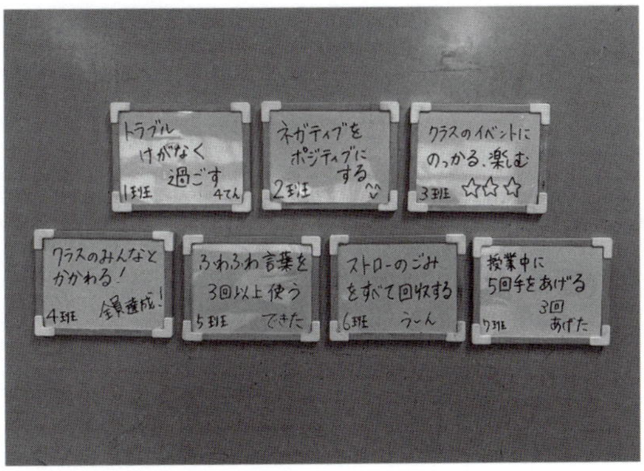

〈実践してみてのアドバイス〉

- 話合いが進まないグループには，他のグループの意見を参考にすることを勧めます。
- 学級目標から「クラスみんなで思い出を残したい」というアイデアが生まれ，「集合写真を撮る」「卒業時の自分にメッセージを書く」「タイムカプセルを作る」などの具体的なアイデアが出てくることもあります。
- 毎日必ず行われる朝の会と帰りの会を活用して取り組みを習慣化します。

7·8月 保護者が待ち望む学級通信「○○さんの一日」

清野　弘平

何のために学級通信を書くのか

私は，初任時代から学級通信を書き続けてきました。多いときには一年間で150号以上発行した年もありました。「子どもを見取る力」，「文章力」，「計画的に仕事を遂行する力」といった教師に必要な力を，学級通信を書き続けて身につけてきたといっても過言ではありません。

学級通信には，**①保護者のため　②子どものため　③教師のため**という三つの「ため」が内在しています。

私は，③の自分自身のためを意識して学級通信を続けてきました。しかし，はじめは学級通信を定期的に書き続けることに難しさを感じていました。その状況に加えて，「子どもや保護者にあまり読んでもらえない」という状況では，学級通信を書くモチベーションは一気に低下していました。学級通信を書き続けるためには「定期的に書く仕組み」や「子どもや保護者が読みたくなる内容」が重要だと思うようになりました。それを実感できたのが「○○さんの一日」という実践です。この実践を続けたことで，文章力や子どもを見る力が高まり，アウトプット連続の教師の仕事が，一層おもしろくなっていきました。

「○○さんの一日」

「○○さんの一日」は子ども一人一人にスポットを当てた実践です。写真とコメントで構成されたシンプルな内容です。どの学級でも簡単に実践できます。

〈やり方〉

①学級通信に「○○さんの一日」というコーナーを毎号設ける。

②２枚の写真と二文のコメントで構成する。

③一人の子どもを決めて，その日はその子の写真を多く撮る。

④配付したら教師が学級通信を読み聞かせる。

○○さんの一日

★「○○さんの一日」のメリット

❶ 子どもや保護者が学級通信を待ち望む

学級通信を配付するときに一番気になるのは，子どものリアクションです。学級通信のなかでも「○○さんの一日」を読んでいるときの子どもたちのリアクションがたまりません。自分が写真に写っていなくとも，目をキラキラさせながら記事を読みます。

また，懇談会や個別面談のなかで保護者から感想をもらう機会も多くありました。この実践で，子どもだけでなく，保護者ともつながりを深めることができます。

❷ 子どもを見る目を鍛えることができる

忙しくなると，子どもを観察する行為が疎かになります。私も同じ経験が多くあります。その状況が続くことで，子ども同士の人間関係の小さな綻びを見逃し，重大な生徒指導事案に発展してしまうこともありました。この実践を続けることで，子どもを個で見る意識をもち続けられます。子どもの新たな一面の発見にもつながります。やめられません。

〈学級通信で子どもも自分も成長するポイント〉

□学級通信を続ける

「最低でも学級の人数分のおたよりを作らなければならない」と自らに課すことで，学級通信を作ることがルーティン化します。学級通信作成時の苦労の一つが，構成を考えることです。しかし，本実践ではすでに構成が決まっています。0から構成を考える必要がありません。続けてみてください。子どもも，そして自分自身も変わります。

4月 5月 6月 7・8月 9月 10月 11月 12月 1月 2月 3月

7・8月

保護者面談を成功に導く事前の「子ども面談」

清野 弘平

★ 個別面談って何を話せばいいんだろう

夏休みは保護者との個別面談が設定されている学校も多いですが，私は初任時代に「個別面談でどんな話をすればいいのかわからない」「どうすれば個別面談で話が盛り上がるのか」と悩んでいた一人でした。そんな私でも，事前に「子どもと個別面談」をすることで，保護者との個別面談がとても楽しい時間に思えるようになりました。

★ 子ども面談

● 子ども面談の時期

「子ども面談」は夏休み前に実施します。この時期は，６年生の３分の１程度が過ぎ，子ども自身のことや人間関係などで４月とは違った変化が出てくるからです。子どもたちからしても，担任の先生に相談したいことがあるかもしれません。

〈子ども面談に向けた準備〉

- 事前に「子ども面談」があることを伝える

「面談でどんなことを話せばいいのかわからない」と不安に思っている子がいるかもしれません。お知らせプリントを教室に掲示し，「子ども面談」の内容を先出ししましょう。

- ふり返りカードを書く

４月～７月までの「学習面・生活面」や「人間関係」などをふり返って子どもが書きます。

〈子ども面談の進め方（一人あたり３分程度）〉

- 最初は「ふり返りカード」を一緒に見ながら，「一番がんばったこと」を聞きます。それに対して担任からあたたかなフィードバックをすると，面談の雰囲気も一気にほぐれます。
- 次に，子どもたちの願い「どうなりたいか」を聞きます。子どもにとって，担任が「子どもの願いを実現するためのサポーター」のような関係でありたいものです。
- 最後に「おうちの人に言っていない秘密はありますか」と聞きます。「昨日，黙ってアイスを食べてしまった」などのユニークなものや，恋愛相談など様々です。秘密を共有すると親密になれます。「その話は，先生からおうちの人にしてもいいですか？」とダメ元で聞いてみます。子どもから OK が出たものは保護者面談で話題の１ネタにしましょう。

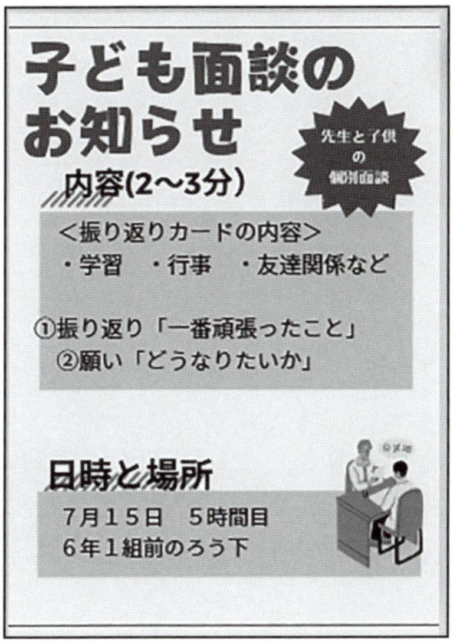

子ども面談お知らせプリント

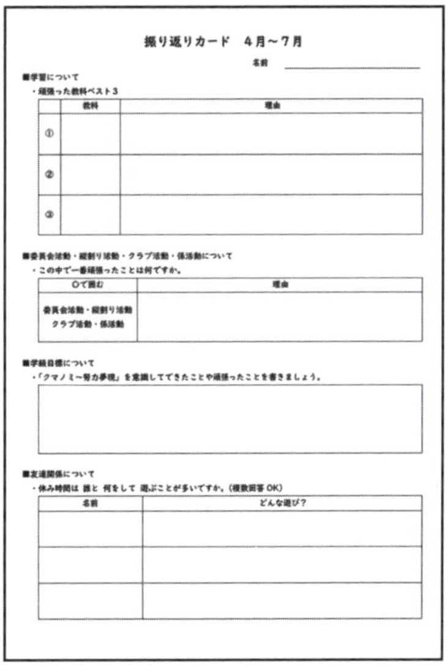
振り返りカード　4月～7月

名前　＿＿＿＿＿＿

■学習について

・頑張った教科ベスト３

	教科	理由
①		
②		
③		

■委員会活動・縦割り活動・クラブ活動・係活動について

・この中で一番頑張ったことは何ですか。

○で囲む	理由
委員会活動・縦割り活動 クラブ活動・係活動	

■学級目標について

・「クマノミ～努力参現」を意識してできたことや頑張ったことを書きましょう。

■友達関係について

・休み時間は 誰と 何をして 遊ぶことが多いですか。(複数回答 OK)

名前	どんな遊び？

ふり返りカード

子ども面談の内容を保護者面談へ生かす

「子ども面談」と同じような流れで「保護者面談」も行います。「ふり返りカード」などの成果物をもとに，あたたかなフィードバックをしながら，おうちの方の願い「どうなってほしいか」を聞いていきます。６年生の保護者と面談をしていて一番相談を受けたのは「最近，子どもが学校のことを話さなくなった」ことでした。その状況のなか，「子どもたちの生の声」は，時に保護者の共感を呼び，時に保護者を驚かせました。個別面談を通して，保護者の方が一番話したいことは「我が子」のことなのだと再認識した瞬間でした。そして，我が子のことをわかろうとしてくれる先生こそが，保護者から信頼される先生なのだと思いました。

〈子ども面談で大切なこと〉

□すべてを解決しようとしない

あくまでも，「子どもと個のつながりを大切にする」というポイントに絞ることが大切です。例えば，子ども面談の最後に「悩んでいることや相談したいことがあればいつでも話してね」と一言付け加えましょう。相談しやすい担任になれれば◎です。

7・8月 白熱！○○小チャンピオンズリーグ

大内　秀平

夏休み前のだらだらを吹き飛ばす！

夏休み目前の気が緩みがちな日常に，熱くなれる活動を導入しましょう！　学級対抗で行う「○○小チャンピオンズリーグ」です。学びに勝負の要素を入れ，トロフィー獲得を目指す活動です。優勝クラスは次のチャンピオンズリーグまでトロフィーをクラスに飾ることができます。

次回の種目は，トロフィー奪還を目指して負けたチームが考えます。このサイクルを毎月繰り返します。目標へ向けて学級全体で高め合い，楽しく成長することにつながります。夏休み前どころか，卒業まで，子どもも教師も白熱する活動になります。

チャンピオンズリーグの流れ

❶ トロフィーを準備する

購入しても手作りでも学校に余っているものでもかまいません。輝かしいトロフィーを用意しましょう。私はネット通販で，FIFA ワールドカップのレプリカトロフィーを購入しました。

❷ 種目とルールを決める

子どもたちへ学級対抗で競いたい種目のアンケートを行います。「全員が参加できるもの」，「努力で結果が変わるもの」といった条件を設定することがポイントです。学習系や体育系などジャンルは問いません。第１回は教師が決めてもよいでしょう。

❸ 優勝へ向けて各学級で作戦会議と努力を積み重ねる

本番に向けて，各学級で「どうやったら結果を出すことができるのか」を考えて練習に励みます。自主学習で努力を重ねたり，休み時間に協力して練習に励んだりする姿が見られるようになります。担任は，努力している子どもや，競技種目が得意な子どもをクラス全体のために生かすことが大切です。

❹ チャンピオンズリーグ本番を楽しむ

本番はめいっぱい楽しみます。勝敗に一喜一憂しながらも，「楽しみながら高め合ったこと」に価値を見出すことが大切です。

子どもに任せていく

チャンピオンズリーグの企画・運営は，徐々に子どもたちに委ねていきます。プロジェクトチームを立ち上げて，より一人一人が主体となるイベントにしていきましょう。常に目的を共有して「さわやかな競い合い」を価値づけていきたいです。

〈チャンピオンズリーグアイデア例〉

実際に行った内容です。子どもと一緒に大人も知恵を出し合って考えました。種目が多岐にわたることで，活躍できる子どもも変わってきます。その時期の行事や教科の学習内容と絡めることもポイントです。

- プール全員リレー：一人25m×学級人数でリレーを行います。泳法は自由です。走るのもよしとします。
- 漢字50問テスト平均点：国語の漢字50問テストの平均点を競います。
- 全員リレー：一人校庭半周を走り，全員でバトンをつなぎます。
- ソフトボール：ソフトボールの学習の延長で行います。総当たり戦です。
- 合唱コンクール：校長先生に審査員をお願いし，合唱・合奏で金賞を狙います。
- 長縄連続跳び：３分間に跳んだ回数で競います。
- ３クラス３ゴールサッカー：学級数に応じてゴール数を変更して行います。３学級の場合三つのゴールです。自陣以外の二つのゴールを狙います。
- 六年間の学習クイズ Kahoot!：担任団が本気で六年間の学習クイズ Kahoot! を複数作成します。１～３位の児童がいる学級にポイントを加算していきます。

学級づくりのポイント
授業づくりのポイント

9月

今月の見通し

卒業までの時間を意識する「カウントダウン」

塚野　駿平

今月の見通し

学校行事
- 陸上記録会…学校代表の自覚を行動化

家庭との連携
- 授業参観…今回は日常の授業に近い形で
- 不登校対応…夏休み明けの見通しを共有

学年・学級
- 学級のシステム・ルール再確認
- 教室環境整備…掲示物は掲示期間を決めて

他
- 通知表作成…夏休みに進めておくと負担減
- 夏休み応募作品の提出

夏休みが終わると，時間は飛ぶように過ぎていきます。今まで担任した子が卒業した後，一番口にするのが「小学校生活はあっという間だった」ということです。６年生は学校行事のたびに役割が与えられたり，中心となって運営したりするなど，小学校六年間のなかで一番忙しい学年です。だからこそ，９月に入ったら，子どもたち自身が有限である時間を意識できるような働きかけを考えましょう。

★ 時間への意識は４月から

４月の始業式で子どもたちにプレゼンを見せます。そのなかに，卒業までの日数や，時間に対する担任の考えを示します。まだこの段階では，子どもたちの実感は少ないかもしれません。しかし，数か月経ったころ，「始業式から〇日経過し，残り〇日となりました」と示します。すると，子どもたちは「え，もうそんなに経ったの？」と感じるようになります。

ポイントは「日数を超具体的に示す」ということです。〇日，〇時間，〇秒…など，細かく言語化することで子どもたちの気づきを促し，意識化につなげます。また，「過去の卒業生の声を入れること」も効果的です。実際にそう感じた卒業生がいた事実を示すことで，より強い実感につながります。情報をどのように捉えるかによって，人々の認識や行動が変わる「フレーミング効果」という理論があります。具体的な日数を示すのは，「時間は意外と早い」という子どもたちの気づきを促すためともいえます。

夏休み明けにも再意識

夏休みが明けた９月，再び子どもたちにプレゼンをします。

おそらく，子どもたちは登校日数が約70日も減っていることに驚くはずです。長い夏休みを過ごした子どもたちが，７月までの学級の成長や課題をふり返り，９月からの生活や卒業までを見通すためにも，行事などの予定とともに日数を具体的に示しましょう。

カウントダウン？　カウントアップ？

「あと○日」「○日目」は，他にもこんな使い方ができます。

- 学級通信の日付の近くに「卒業まであと○日」と書く
- 日々のふり返りに「６年○組○日目」と書く
- 卒業カレンダーを最後の１か月ではなく，４月から制作する（係活動などを使いながら）

など

毎日続ける「積み重ね実感系」でも，節目で登場させる「まさか驚き系」でも，どちらでも効果はあります。また，示し方一つとっても違います。カウントダウンだと残り日数に意識が向き，見通しをもちやすくなりますし，カウントアップだと積み上げていく充実感を感じられます。私はよくカウントダウンの形式で子どもに伝えています。伝え続けているうちに，「授業が始まるから座ろう」となんとなく声をかけていた子どもたちも，「授業時間を大切にしよう」と声をかけるようになっていきます。時間への意識をしっかりもった子どもたちを育み，限られた時間のなかで充実した活動を目指しましょう。

ただし，伝え方には注意を払う必要があります。私は，年度の始まりや長期休暇明けのタイミング，また，行事予定が入っていないタイミングで伝えるようにしています。毎日伝えるよさもありますが，同時に，しつこさやプレッシャーを感じる子がいることを意識しているからです。伝え方も，言葉だけにするのか，文字として残すのか，熱く語り子どもに考えさせるのか，ライトに話題として出すだけなのか，自分の学級にはどういう伝え方がよいのかを考えることが大切です。

9月 GIGA時代に子どもとつくる「学級フォトギャラリー」

大内　秀平

掲示物の再定義

GIGA 時代において，学習成果物がオンライン上に残ることで，Ａ４サイズの掲示物ホルダーが更新されない状態になっていませんか。「授業参観までに何か掲示するものはあるかな」と考えてしまうことは，まさに手段が目的化してしまっている証なのではないでしょうか。思いきって掲示物を写真中心にし，子どもたちと一緒につくり上げる「学級フォトギャラリー」にしましょう。結婚式のウェルカムスペースをイメージしてください。二人の幸せそうな写真の数々，そしてゲストの写真やコメントが加わるあの空間です。教室をあんな素敵な空間に，子どもたちと一緒につくり上げるイメージです。思い出を蓄積して残すことで，学級への愛着や所属感をもつことにつなげたいです。

学級フォトギャラリー作成手順

❶ 撮影

共用カメラを教室に置きます。教師も子どもも，自分が「いいな」と思った瞬間を残します。直感が大切です。教師は子どもたちに「こうなってほしい！」と，目指すべき姿を撮ってしまいがちですが，そんな写真ばかりでは息苦しくなってしまいます。特定の行事やイベントに限らず，日常の何気ない１コマも大切にしていきましょう。子どもたちが撮り手になることで，教師には撮れない自然な表情や姿が撮影できます。GIGA 端末でも代用可能です。

❷ 編集・印刷

Canvaのグリッド機能を使ってテンプレートを作成・共有します。そこに教師も子どもも撮影した写真を挿入していきます。コメントを追加することで，共有したい価値が明確になります。白い余白は，被写体を際立たせ，洗練された印象を与えます。ある程度のページが仕上がったらＡ４サイズで印刷をします。

❸ 加工・掲示

印刷した紙をペーパーカッター等で４分割し，子どもたちと配置を考えて掲示していきます（私はＡ４用紙を４分割したものをＡ６サイズのラミネートフィルムで加工しています）。ペーパーカッターとラミネーターを教室に置くことで，これらの作業がしやすくなります。ものづくりがしやすい環境も整うため，係活動等でも大活躍です。

★ 子どもたちと共同制作を行う理由

一緒につくることにおもしろさがあります。子どもたちが生きるこれからの社会では，今以上に写真リテラシーが求められるでしょう。だからこそ，学校内で写真を活用する経験を積むことが大切です。何のために取り組むのか，写真にどんな思いを込めたのか，何を感じたのかなど，常に一緒に考えながら実践していきましょう。

〈教室掲示物を子どもたちと楽しむためのポイント〉

□対極の考えも頭の片隅に置く

子どもの実態をふまえて取り組みましょう。つまり，子どもが嫌がっているのに撮影してはいけないということです。掲示物に絶対的な正解はありません。そもそも習字や図工の作品でも，貼られたくない子はいます。対極の考えがあることを知って取り組むだけでも，学級の見え方・姿は変わってくるのではないのでしょうか。

【参考文献】
- 幡野広志著，ヨシタケシンスケイラスト『うまくてダメな写真とヘタだけどいい写真』ポプラ社
- 小寺卓矢・石川晋・石川学級41名の生徒たち著『わたしたちの「撮る教室」』学事出版

9月 計画的に学ぶ姿を目指す「先出し宿題」

村田　祐樹

宿題の当たり前を疑う

家庭学習は，その有無も含めて様々な考え方で取り組まれています。自分に必要な学習を考え，計画的に学べるようになる自主学習を奨励する取り組みがあります。一方で，学校や学年で取り組むことが決まっていて，プリントやドリルなどの宿題に取り組んでいるところも多いかもしれません。家庭学習の当たり前を疑い，子どもたちにとって真に力のあるものになるように考え続けていきましょう。「宿題の先出し」というやり方があります。

一週間分を先出し

まずは，これまで毎日出していたプリントやデジタルドリルを一週間分まとめて出しましょう。おすすめは月曜日に出して，一週間後の月曜日に期限を設ける方法です。子どもたちは渡された課題を自分のペースで取り組み，丸つけまでして，できた人から提出します。教師は課題が達成されているかをチェックします。教師としても毎日の丸つけから解放されて，週１のチェックで済むようになります。

単元分を先出し

一週間の宿題に慣れてきたら，単元の宿題に切り替えます。単元の最初にその単元のプリントやデジタルドリルをまとめて配付します。期限は単元のテストの日までです。ゴールがテストになることで，中学校での期末テストに向けた学び方に直結します。従来の宿題は復習の色が強いですが，先に出しておくことで，予習としても活用することができるようになります。わからないところがあれば，空き時間を使って学び合う姿も見られるようになります。

宿題を先に出すだけでは，計画的に学ぶことができるようにはなりません。計画とふり返りが大切です。宿題を渡したタイミングで短くてもいいので，計画とふり返りについて説明する時間をとりましょう。計画は，プリントに実施予定の日付をつけるだけでも効果的です。ふり返りは，自分自身の取り組み方を客観的に見つめ直します。期限までに終えることができなかったり，ギリギリに焦って仕上げたりした人は，どうすれば計画的に進められるか考えます。計画的に進めることができた人は，自分に合った時間の使い方を見つけられた人です。また，日々の授業や自主学習とどのように結びついているかを考えることで，課題の有効活用ができるようにもなります。予習することのよさや復習することの大切さが実感できれば最高です。

子どもの姿

宿題を先出しするようになってから，今までの宿題では見られなかった子どもたちの姿も見られるようになってきました。漢字スキルを渡し，自分たちのペースで進めていいことを伝えると，ある子は次の日に仕上げてきました。それも美しい字でていねいに。その子は漢字スキルに取り組まなくてよくなった分，自分の好きなことを調べたり，漢字の練習を繰り返したりして，学習を深めていました。また，別の子は期限の前日になって，夜遅くまで取り組んだようです。次の日には，「ギリギリにやるとこんなに大変なんですね」と，計画的に学ぶことの大切さを言葉にしていました。宿題の出し方一つで，新たな学びを生むことができます。

〈宿題を出すときに考えておきたいこと〉

□家庭と連携し，理解を得る

宿題は家庭の理解が不可欠です。宿題をちゃんと出してくれる先生はありがたいと考える家庭もあります。おうちの方は５年生までに取り組んできたやり方がデフォルトになっています。今までと取り組み方が変わることを，学級通信や懇談会でていねいに伝えましょう。伝える際には，なぜ変えるのか，目指す姿はどんな姿なのかを必ずセットにします。家庭の理解を得ることができれば，子どもたちの成長はさらに加速していきます。

学級づくりのポイント
授業づくりのポイント

9月　AIにない愛（AI）を込める所見作成

大内　秀平

AI時代の所見

通知表の所見は，保護者に児童の学校生活や学習の様子を伝える重要な手段です。また，これまでの努力や成果が認められることで，子どものモチベーションアップにもつながります。そんな所見の作成も，AI技術で簡単にできてしまう昨今です。しかし，本当にAIに頼りっぱなしでいいのでしょうか。もちろんAIを否定しているわけではありません。あなたが大切な人からもらった手紙が，実はAIが考えた内容だったらどうでしょうか。子どもたちの心の奥底に届くのは，AIよりも教師からの愛のあるメッセージなのではないでしょうか。子どもの活躍や成長を，同じ空間で味わっている教師だからこそ書ける所見を目指していきましょう。

愛のある所見を書くために

愛のある所見とは，活躍や成長のエピソードが思い起こされ，そのときの周囲の友達や教師の気持ちが伝わる心あたたまる文章です（本ページの所見は，今回の原稿のために作成したものです）。

C	D	E	F	G
はじめ	中1　学習・生活	中2　学習・生活	中3　専科・教科担任	おわり
よく周りが見えており、率先して人のためになることを行います。多くの友達から信頼され認められる存在です。	休み時間には、仲の良い友達と机を囲んで和やかに過ごしました。友達にさりげなく声を掛けて自分の輪に誘っていることもありました。〇〇さんの思いやりあふれる行動のおかげで、安心できた友達も多いです。	算数科の学習では、自分から進んで動き出し教師や友達に聞く姿が見られるようになりました。その後コツコツと努力を積み重ね、理解を深めた姿には感心させられました。	家庭科の学習では丁寧にナップザックを作成しました。友達のサポートも行い、友達ができたときには、自分事のように喜ぶ姿が見られました。	友達の成功を共に感動できる〇〇さんが、2学期も学級にたくさんの笑顔をもたらすことを期待しています。

〈はじめ〉 子どもの人柄や活躍の全体像に焦点を当て，抽象的に表現します。保護者に「うちの子は学校でどんな子？」と聞かれたときに一言目に出てくるような前向きな印象を書きます。
〈中〉 抽象的なメッセージを裏づける具体的なエピソードを書きます。特定の場面や行動，発言を引用して説明することも効果的です。次に，その行動によって「相手や周りの友達，教師はどんな ことを感じたのか」も書きましょう。第二者，第三者の思いを書くことが大切です。
〈おわり〉 はじめ（抽象）→中（具体）→おわり（抽象）と具体的なエピソードを，抽象的な価値づけでサンドイッチするようにするのがポイントです。所見全体に一貫性が生まれます。

多くの視点で子どものよさを記録する

所見の作成には，Google スプレッドシートなどの表計算ソフトを活用しましょう。ポイントは，このシートは学期はじめに用意して専科（教科担任）の先生とも共有することです。子どもたちの活躍の機会は様々です。教科の得意不得意もあります。長く，多くの視点で子どものよさを見取り，評価していきましょう。

所見の構成をセルで分けて入力できるようにしているため，即時入力できることも魅力です。担任も専科も，子どもの活躍を見取ったときに，熱いうちにエピソード込みで入力することができます。また，特定の子どもの見取りが少ないことにも気づけるため，意識してその子のよさを見つけることにもつながります。

最後はＩメッセージで直接伝える

所見は書いて終わりではありません。渡す際には，書いたことも書いていないことも直接伝えましょう。所見の文面では多く表現することができなかった教師の気持ちも伝えましょう。その際，「あなたは～だよね」といった You メッセージで伝えるのではなく，「私は～と思う」と，Ｉメッセージで伝えることが大切です。自分の活躍や成長が認められていることをより実感できます。最後は「ありがとう」と，その子が学級にいてくれること自体への感謝の言葉で締めくくります。子どもの自信や安心につながる愛があふれる時間にしましょう。

〈所見を作成する際に心がけたいこと〉

□子どもの捉えを確認する

子どもの活躍を把握して的確に伝えるためには，以下の方法もおすすめです。

- Google フォームなどでアンケートを実施し，委員会，クラブ，係活動などを確認する。
- ふり返りシート（４月「一年間を支える ICT ツール４選」参照）を見返し，子ども自身の努力や成果を再確認する。

□子どもが気づいていないよさを伝える

指導要録を見ると，毎年同じような所見を書かれている子どもがいます。それがその子の長所なのですが，子ども自身が気づいていないよさを見取って伝えることも，教師の大切な役割です。何を所見に書くことがその子の成長につながるのかを考え，内容を吟味していきましょう。

10月

今月の見通し

読書欲を高める「読書アルバム」

清野　弘平

今月の見通し

学校行事
- 秋休み…心と体を充電する折り返し地点
- 学習発表会…練習計画を立てて計画的に

家庭との連携
- 通知表配付…誤配予防の複数チェックを
- 地域行事…地域の一員として深めるつながり

学年・学級
- ゲストティーチャーによる特別授業
- ハロウィンパーティー…英語と関連づける

他
- 読書習慣…読書アルバムの活用
- オープンスクール…中1ギャップの解消

10月は，一年間の折り返しの時期です。子どもたち自身が成長を実感できることで意欲が大きく変わってきます。通知表などを通して，子どもたちの成長を伝えるとともに，さらにステップアップできるビジョンを共有しましょう。

★ 読書の習慣を目指して

読書は継続することで大きな力になります。しかし，読書離れが叫ばれる昨今は，読書の習慣が定着していない子どもが多く散見されます。定着しない一番の要因は意欲が続かないことです。「読書アルバム」は自分が読んだ本を一年間蓄積する実践です。読書アルバムの最大のよさは学びの積み重ねが見える化されることです。本実践では，読んだページ数が Google スプレッドシートに自動集計で蓄積され，グラフ化されます。ゲームの世界でレベルが上がったことに高揚感を感じるように，数値化されることで読書欲を引き出します。

Googleフォームで「読書アルバム」

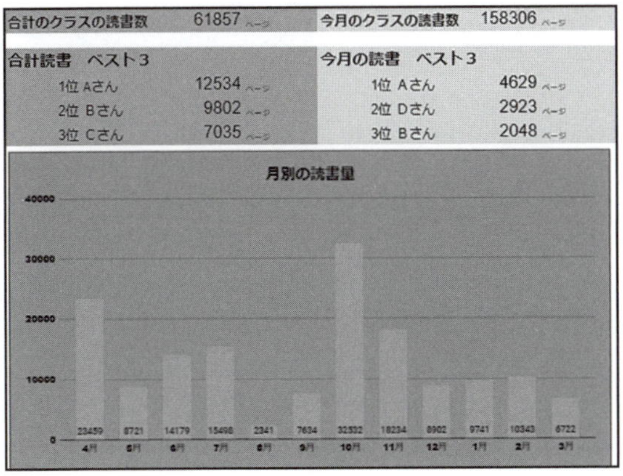

クラスの読書アルバム

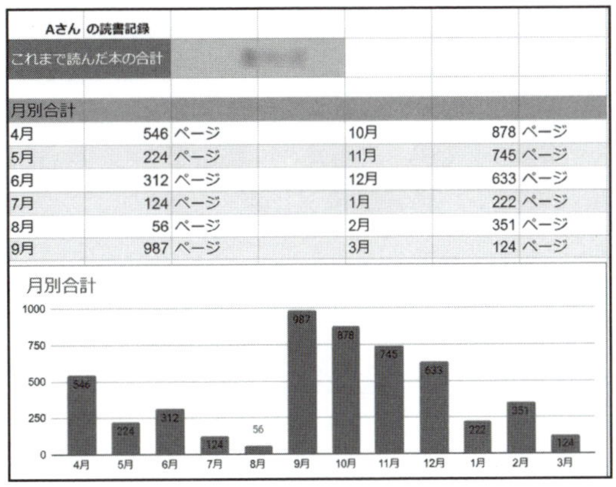

個人の読書アルバム

①本を読み終わったらGoogleフォームに「読んだ本の名前」「読み終わった月」「ページ数」「おすすめ度」を入力します。

②Googleフォームに入力した内容はGoogleスプレッドシートで，自分がこれまで読んだ本がまとまった形，「読書アルバム」として集約されます。

③Googleスプレッドシートに「クラス合計冊数」や「読書量個人賞」のシートを作成することでより活用しやすい「読書アルバム」になります。

読書アルバムを活用して読書欲をさらに高める

しかし，読書アルバムだけではどうしてもマンネリ化してしまう時期がやってきます。そういった状況を打破していくために，「コメント機能を使って友達と交流する」活動を取り入れました。そうすることで前述のグラフの読書の秋の冊数が示すように読書量が激増しました。

●取り組み方

10月は「読書の秋強化月間」と称して，朝の会の時間で「読書アルバムコメント交流会」を行いました。Googleスプレッドシートの共同編集の機能で読書アルバムの友達の読んだ本についてコメントし合う活動です。「その本，僕も読んだことがあるよ。おもしろいよね」「○○さんが読んでいる本を自分も読んでみたいと思ったよ」など，友達の読んでいる本に対してのコメントからコミュニケーションが生まれました。直接コミュニケーションをとるよさもありますが，普段あまり話さない人にでもコメントならできそうと感じるなど，気軽にコミュニケーションをとれるのがコメントのよさです。

10月 子どもが主体の学習発表会

清野　弘平

教師の熱量の高さが受け身の子どもを生み出す

学習発表会のトリは，６年生が務めます。小学校生活最後という言葉も加わり，保護者の期待は膨らみ，指導する側にも熱が入ります。「もっと大きな声で！」「なんでセリフを覚えていないの！」などと子どもたちに檄を飛ばしてきた過去が，私にもあります。そうすると，教師の熱量とは裏腹に，子どもたちはどんどん受け身になっていきます。子どもたちがもっといきいきと表現できる学習発表会にしたいと思い，子どもたちが主体となり，自分らしさを表現できる学習発表会を目指して取り組みます。

学習発表会指導シナリオ

❶ 子どもたちが選択する

学年の先生たちで発表用の台本や楽譜などを２～３種類程度選びます。その後，子どもたちに先生たちの思いを含めて紹介します。そのなかから子どもたちは話合いを経て，台本や楽曲を決定していきます。話合いで留意したいのが，安直な思いや理由で決定しないことです。例えば「この台本はおもしろそう」や「この曲は知っているから」などの理由には要注意です。どんな学習発表会にしたいのか，願いを共有しながら子どもたちが話し合えることが大切です。事前に「〇〇〇な学習発表会にする」と具体的な姿を明確に共有しておくことも必要です。

❷ 余白やアドリブを入れる

発表の台本のなかのセリフや人物の行動であえて余白をつくります。100％の台本ではなくあえて75％くらいの台本にするイメージです。そうすると，子どもたちは自分たちでセリフや動きを考える必要が生まれます。例えば，以前やった劇では，登場人物の気持ちが高揚している場面をマット運動のロンダートで表現しました。こういった台本のなかにも余白をつくることで，劇のなかに子どもたちらしさが生まれます。自分たちでつくり上げた学習発表会という感覚が強くなるのです。

❸ クラウドで全体共有する

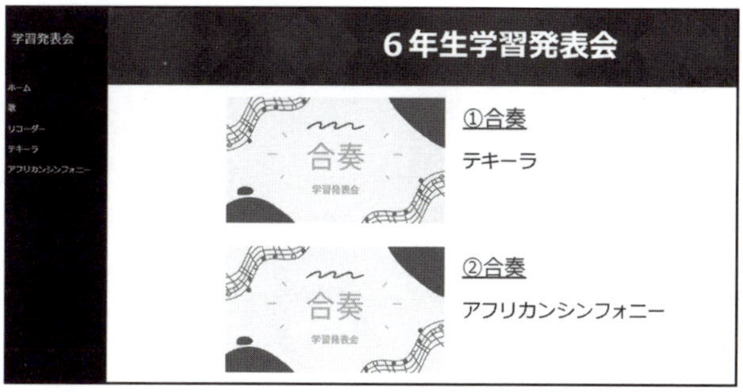

子どもたちに台本や音源，練習日程など右図のように Google サイトを使って共有していました。

この活動には二つのよさがあります。一つ目は，台本は Google ドキュメントを使って，子どもたちも共同編集できるようにすることで，子どもたちの意見をすぐに反映させることができたことです。二つ目は練習日程などを共有することで，子どもたちは見通しをもって練習できたことです。

❹ 録画でレベルアップ

発表の練習場面の録画映像を Google ドライブで共有し，子ども同士で動画を見合いながら作戦会議する活動を取り入れました。練習中はどうしても自分の出番に集中していて，子ども同士のかかわりは少なくなってしまいます。しかし，この取り組みによって，子ども同士が前向きにアドバイスし合う量が増えました。

❺ 教師の役割

子どもたちだけで練習を進めていくと「中だるみ」の時期がきます。こういった状況を乗り越えていくために，教師のアドバイスが重要です。例えば，劇の場合は「ここは，主人公の悲しさを表現する場面だよね。それを表現するためにはどうすればいいかな？」といったように，子どもたちに新たな視点や方向性を示します。そうすることで，子どもたちのやる気の火が再燃します。私は教師も子どもと同じ熱量で学校行事にかかわることは大切だと思います。しかし，前述したようにその熱量の方向性を一歩間違えると子どもたちが受け身になってしまいます。「心は熱く，頭は冷静に」のマインドをもち続けましょう。

〈学習発表会成功のポイント〉

□教師のチームワークを大切にする

学習発表会は学年団のチームワークが重要になってきます。「どんな学習発表会にしたいのか」「どんな力を育てたいのか」などの思いを共有し，内容の方向性を決定します。また，「ピアノが演奏できる」「絵が得意」「ICT の知識が豊富」など，担任の先生たちのよさを把握しておけば，適材適所な役割分担ができるようになります。そのためにも，普段から学年部の先生たちとのコミュニケーションが欠かせません。

10月 遊ぶほど主体性が芽生える「あそびサイト」

髙橋 恵大

レクレーションから学ぶ

子どもたちが，レクレーションを進行する経験が重要です。学校のリーダー役としてのスキルを身につけられるだけでなく，自覚が促されるからです。楽しさを下地に，説明→活動→ふり返りを，わずか１分間で経験できます。タイパ最強の活動がレクなのです。

あそびサイト（Google サイト）

Google サイトを活用して，レクレーションをまとめた「あそびサイト」を作成します。これがあれば，気軽にレクに取り組むことが可能です。気になるレクをクリックすると，説明が書かれた「あそびスライド」（作り方は後述）が開く仕組みになっています。

縦割り活動などの際にも，端末を大型テレビにつないであそびサイトを表示しながら説明します。視覚的に示すことで，言葉だけの説明よりも格段に理解しやすくなります。

〈やり方〉

①朝の会や帰りの会，授業が早く終わったときや休み時間などに行う。
②あそびサイトを開いたら，ルーレットを開く（サイトの最上部に，ルーレットアプリのリンクを貼り付けておく）。
③ルーレットで出た番号のレクを開き，説明を読んで遊ぶ。

私のクラスでは，まずはやってみたいメンバーでこの流れで遊んでみました。何が出るかわからないガチャガチャのようなわくわく感がたまらないそうです。進行役が作り手ではないことも多いのですが，教師が口を挟まなくても，子どもたちは上手に進行していくのがこの実践のおもしろさです。作り手本人がそばにいる安心感もあるからでしょう。

クラスであまり目立たない子のあそびがヒットすることもあります。自分が作ったレクがルーレットで当たった子は，とても嬉しそうです。スライドを作った子たちがみんな，「次は私のが当たるかな？」とドキドキして待っているのです。

【参考】 ● piliapp.com「Web ルーレット」https://jp.piliapp.com/random/wheel/（参照日2025.02.05）

〈あそびスライド（Google スライド）の作り方〉

① Google スライドで作成する。
②レクの遊び方の説明を①，②，③…とナンバリングして記載する。
③共有設定を「閲覧者」に変更し，URL を「あそびサイト」にコピペする。その際，ルーレットのための番号記載も忘れないようにする。

「説明を読むだけで遊び方がわかるように作ることがポイントです」と伝えます。私のクラスでは，一人で五つのスライドを作る子もいました。あそびスライドを増やすコツは，たくさんあそびサイトで遊んでみることです。ぜひ，私のクラスのような50個を上回る「あそびサイト」を子どもたちと作ってみてください！

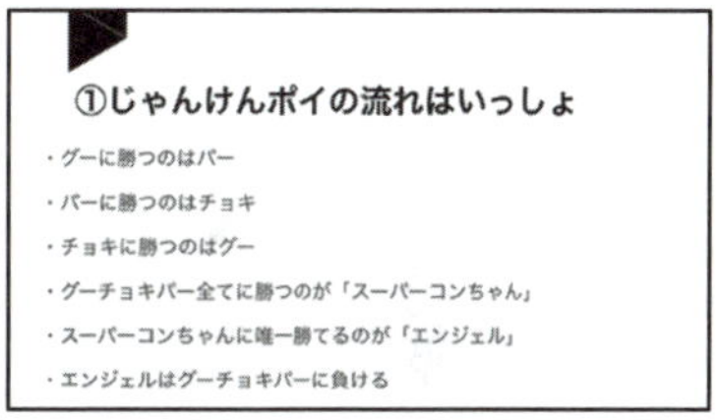

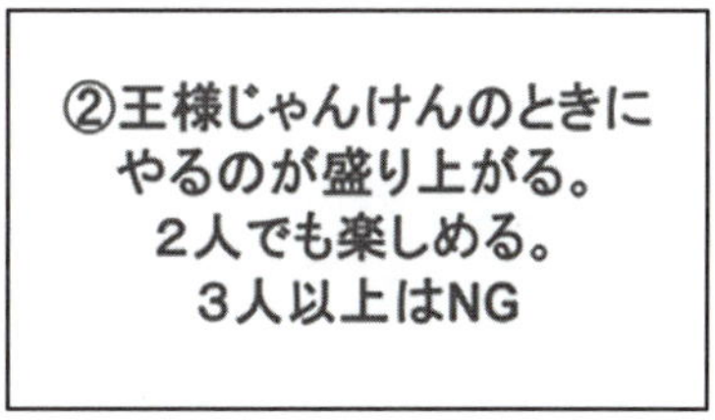

〈レクを進める難しさを体感〉

レクが終わった後，「思っていたのと違う」と話す子がいました。こうした体験も価値があると考えます。失敗体験ではあるのでしょうが，あそびなのでハードルがものすごく低いです。その子はすぐさま，スライドを修正していました。「取り組む人の気持ちを考える意識が芽生えた」と話した子もいて，ていねいにあそびのスライドを作成する子が増えていきました。たかがあそびですが，されどあそびなのです。取り組むほどに奥深いレクの魅力を，こんな一工夫を加えて，教師も楽しみながら子どもたちと体感されてください。

また，低学年用，中学年用，体育館用，校庭用などのあそびスライドを作成することで，学校全体で使えるあそびサイトに生まれ変わります。縦割り活動などでも大活躍間違いなしです。卒業制作として作成し，下級生に残すこともできます。

10月

レク　20分

バスだからこそ盛り上がるレク

ねらい　バスのなかでしかできない非日常の体験をするため。

準備物　セリフカード

村田　祐樹

★校外学習の半分はバスレク

６年生になると今までの校外学習と比較して，かなり遠くまで出かけることがあります。校外学習の場所が遠ければ遠いほど，バスに揺られる時間が長くなります。もちろん校外学習では行き先での学び，公共のマナー，話の聞き方など大切にしなければいけないこともあります。しかし，校外学習のかなりの時間を占めるのはバスのなかなのです。バスのなかを楽しいものにすることができれば，校外学習はさらに楽しい思い出になるでしょう。

６年生は今までの学校生活や縦割り活動などでレクの経験をたくさん積んできているでしょう。バスレクも同じようにできるだろうと舐めてかかってはいけません。バスレクは教室でやるレクとはまったくの別物と考えましょう。

〈バスレクの特徴〉

- 席が固定されているから動けない
- 顔が見えづらい
- マイクを回すのに時間がかかる
- 書くことが難しい

上記のような理由から，教室などでうまくいったレクをそのまま再現しようとすると難しいでしょう。しかし，上記の点が，バスレクが異様なほどに盛り上がるポイントでもあるのです。バスレクならではのアクティビティをあらためて考える必要があります。教室で椅子を並べて疑似バスを作って練習してみるのもおすすめです。全員が前を向いて，立ち上がることもできずにレクを進めることの難しさとおもしろさを実感できるはずです。

〈座席の工夫〉

レクをうまく運営するうえで座席もポイントになります。基本的にレクを担当する人が前に乗るようにするといいでしょう。行きと帰りで座席を変えるのも一つの手です。また，行きと帰りの席を変えることで不満も出にくくなります。酔いやすい児童はタイヤの振動が伝わりづらい前から３～５列目に乗ると酔いにくくなります。

「ハッピー or アンハッピー」の流れ
～顔が見えづらいからこそ盛り上がるレク～

❶セリフカードを引きましょう。

セリフカードは，「天は人の上に人を造らず，人の下に人を造らず」のような偉人の名言などのセリフを用意します。言葉は短くなれば短くなるほど難しくなります。「りんご」「みかん」などの単語に気持ちをのせるのは６年生でも難しく，難易度を上げることもできます。

❷セリフに気持ちを込めて読みましょう。

出題者はハッピーな気持ちかアンハッピーな感情をのせてセリフを読み上げます。まるで俳優になったかのように読み上げる子どもがいると大変盛り上がります。バスのなかで顔を見合うことはできません。声色だけで気持ちを伝えるのはすごく難しいです。

出題者のセリフを聞いて，回答者たちは感情を当てます。ハッピー，アンハッピーと対照的な感情にもかかわらず，当てることはなかなか難しいものです。正解しても間違っても盛り上がるでしょう。

「図形重ね」の流れ～描くことが難しいからこそ盛り上がるレク～

●線が触れないように図形を内側に重ねて描きましょう。

四角形や円などの図形を内側にどんどん重ねていくレクです。線が触れずにいくつ図形を描くことができたかを競います。バスのなかという不安定な場所だからこそ盛り上がるレクです。膝の上や前の椅子の背もたれに紙を置いて描くため，教室で行うときと比べて難易度がグッと上がります。バスが揺れるたびに子どもたちが一斉に悲鳴を上げるスリル満点のレクになります。

11月

今月の見通し

子どもの学びが自走する帯学習

清野　弘平

今月の見通し

学校行事

- 縦割り活動…児童会祭りなどとの関連
- 合唱コンクール…クラスの団結力アップ

家庭との連携

- 調査書依頼…様式や提出物の確認
- 感染症予防…手洗い・うがいの推奨

学年・学級

- 学習の充実…学校生活で最多の時間は授業
- 職業体験…外部との連携

他

- 公開研究会…指導案の作成
- 11月危機…初期対応をていねいに行う

11月は学校行事が一段落する時期です。そうすると，「11月危機」といわれるように中だるみから子どもたちが落ち着かなくなる学級が増えてきます。そういった状況を防ぐためには，子どもたちが熱中できることを生み出す必要があります。授業で子どもを熱中させましょう。私の教室で子どもたちが特に熱中した実践が「帯学習」です。子どもが熱中する授業で「中だるみの11月」を「熱中の11月」にしていきましょう。

★おすすめ帯学習

帯学習とは，毎回の授業で短時間・継続的に行う学習です。私は，帯学習を授業の導入場面で行うことが多いです。授業のウォーミングアップのような気持ちで取り組んでいます。帯学習は同じ活動を続けることが大切です。そのためにも５～10分程度で終わる内容が望ましいです。そんな帯学習のなかから厳選して，子どもたちだけで自走できる実践を三つ紹介します。

❶ 辞書引きゲーム「コトバト」（国語）

辞書を使った語彙力を競う活動です。全体，グループ，ペアなど様々な人数で楽しめます。
①お題を「お題メーカー」で決めます。例：「『や』から始まる『あぶないもの』を探そう！」
②制限時間３分以内に辞書で言葉を引きます。
③選んだ言葉と選んだ理由を交流し合い一番お題にぴったりの言葉を決めます。

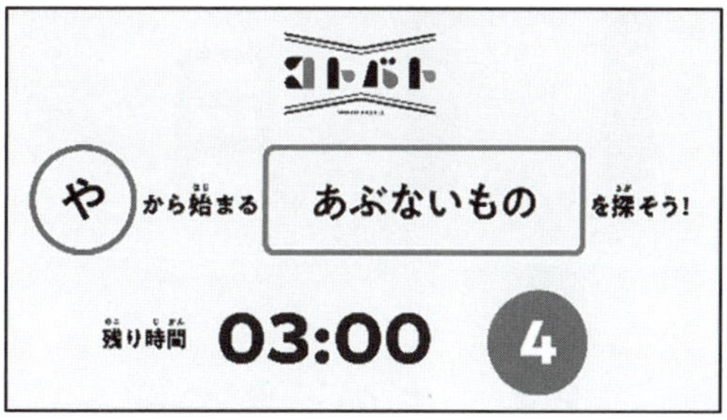

❷ 地名探し（社会）

地図帳を活用し，地名の理解を深めます。
①四人グループになり一人がお題を言います。
例：「宮城県仙台市」
②地図帳を使って探し，見つけた子どもから立ちます（全員が立ち上がるまで待つ）。
③一番はじめに見つけた人が次のお題を言います。

❸ スキマの１問（算数）

子どもたち自身が作成した問題に挑戦することで学習の習熟を図ります。
実践の詳細は，本書12月「積み重ねが総復習につながる『スキマの１問』」をご覧ください。

★ 帯学習で目指す子どもの姿

帯学習を続けていくと，変化が見られます。教師が「授業を始めます」と言わずとも，始業時刻に子どもだけで「帯学習」が始まるようになることです。まさに子どもたちが学びに自走している状態です。11月から取り組み始めても大丈夫です。帯学習によって学びのスイッチが入る子どもたちの姿が見られます。

他にも自習をしているときに，自習課題が終わった人から教師の声かけなしに帯学習に取り組む姿が見られました。帯学習を続けることで，子どもたちは熱中しながら「学び方」を体得します。子どもたちが，状況に応じて帯学習を「使いこなせるようになる」のが目指す姿です。子どもが熱中する授業で，中だるみの11月を「熱中の11月」にしていきましょう。

【参考】
●「コトバト」（https://www.shogakukan.co.jp/pr/reikai/kotobato/）小学館『例解学習国語辞典 第十二版』（参照日2025.02.05）
●山崎克洋著『続ければ本物になる 帯指導の教科書』東洋館出版社

11月 地域の特性を生かした学習活動

大内　秀平

★子どもたちの活躍の場を広げよう！

子どもたちはこれからの社会を担う存在です。学習活動を地域社会へと広げていきましょう。実社会と向き合うことで，多くの大人とかかわります。学校内では経験できない課題にも直面します。目的達成に向けた過程のなかで，ひと回りもふた回りも成長することができます。

★実践例「食品ロス削減プロジェクト」（総合的な学習の時間）

地域には給食に野菜を提供してくれている農家さんがいました。その農家さんをゲストティーチャーとして招き，「野菜を大切に食べてほしい」という思いに気づくことができました。しかし，給食や家庭，地域の飲食店で見かけるのは多くの食品ロスです。その実態を探り，解決に近づくために自分たちにできることを考えました。そのなかから二つの活動を紹介します。

❶ 食品ロス実態調査（地域の飲食店やスーパー10か所）

オリジナルの調査シートを作成し，学校・家庭・地域の飲食店で食品ロスの実態調査を行いました。地域の飲食店とのかかわりのなかで以下のような活動を行いました。

- 校外学習の企画・調査依頼

国語の学習を生かし，電話や直接出向いての挨拶，依頼文の作成を行いました。校外学習の許可を得るために校長先生へプレゼンテーションを行うことも欠かせない活動です。

- 調査シートの作成・分析

来店人数や一日の食品ロス量（kg）を調査項目としました。集めたデータをもとに，「一人あたりの一日の食品ロス量」を求めて分析した活動は，算数の学習ともつながります。

❷ フードバンクプロジェクト（NPO 団体，IT 企業）

調査結果を受けて，自分たちにできることを考えました。そのなかの活動の一つがフードバンクです（まだ食べられるけど不要な食材を集めて寄付する仕組み）。

● 出前授業の依頼

調べ学習を通して，フードバンクを行っているNPO団体の存在を知り，子どもたちはノウハウを知るために出前授業をお願いしました。

● フードボックスの作成・食品の回収と寄付

出前授業を通して，オリジナルのフードボックスを作成しました。大きくて頑丈な素材が必要だったため，印刷機を販売している企業にお願いし，段ボールを寄付してもらいました。

学校，地域の飲食店やスーパーへ設置させてもらい，最終的には100kgを超える食材を集めて寄付することができました。メディアにも取り上げられ，社会貢献を果たしたという実感は子どもたちの大きな自信へとつながるとともに，日々の学習が社会でどのように生かされるのかも，身をもって体感することができました。また，これらの活動には裏側があります。地域の飲食店にも，NPO団体にも，子どもに気づかれないように事前に教師が連絡をとっています。

★ 地域の特性を生かした活動を

これは宮城県仙台市の小学校での実践です。実践の背景には二つの理由があります。一つ目は，子どもたちが大好きな学校の給食に，地域の農家さんがかかわっているということです。身近な人々の願いに触れることで，子どもたちも自分事として捉えられます。二つ目は，地域に飲食店が多いということです。日常的に利用する飲食店と，普段とは違った側面からかかわることで，社会についての見方・考え方を広げることができます。地域社会も教育現場とのつながりを求めています。子どもと地域の実態に合った学習活動を展開していきましょう。

〈地域の特性を生かして子どもを育むポイント〉

□教師も本気でおもしろがれる探究活動と余白をもつ

「総合的な学習の時間は毎年やることが決まっている！」そんな学校も多いと思います。全体構想は教師がある程度決めながらも，子どもたちの興味・関心によって柔軟に活動を決めていける余白と，子どもたちが自分たちで切り開いている感覚をもてることが望ましいです。

「教材開発する余裕なんてない！」学習活動を広げることにはエネルギーが必要です。だからこそ，我々教師も本気でおもしろがれる題材を見つけていきたいです。私には３歳の息子がいます。普通に歩いたら５分程度の道のりでも，一緒に歩くと30分以上かかることもあります。歩いて止まって見て触って…これを繰り返します。彼なりに「探究」しているのです。まずは教師が地域を歩いてみましょう。地域の人と話してみましょう。「あの学習とつながるかも！」とアンテナが反応するはずです。地域にはお宝が眠っています。

11月 6担メンタルの整え方

高橋　恵大

メンタルヘルスの重要性

教員の日々はストレスが溜まりやすいですよね。毎日，みなさん，本当にお疲れ様です。三つのセルフケアを心がけてみてください。ストレスとうまく付き合っていけるようになります。

①マイナス（－）から通常（0）になるセルフケア
②通常（0）からプラス（＋）になるセルフケア
③プラス（＋）を保ち続けるセルフケア

マイナス（－）から通常（0）になるセルフケア

❶ AI と会話する

「元気がないんだけど…」「疲れた…」「思い通りにいかなかった…」などと話しかけると，AI から返事が返ってくる時代です。質問もされるので，それに答えることで会話が続きます。誰しも話をすることで気持ちがすっきりする経験があるでしょう。その効果を発揮することができます。また，話をすることで新しい視点が得られることもあります。ChatGPT の無料アプリ版では音声でのやり取りも可能になりました。

❷ ドローン視点で考える

もめごとが起きたときは，全体を俯瞰して冷静に対応することが重要です。特に女の子同士のもめごとでは，このアプローチが効果的です。困難に直面していると感じたら，まずはその状況をドローンのように上空から見下ろしてみましょう。5月「三つの見取りで深める子ども理解」で示した「鷹の目」です。客観的な視点から問題を理解し，まるで他人にアドバイスするように考えてみてください。ドローンを宇宙まで飛ばしてみてもいいですよ。当事者として深刻に捉えてしまうことも，俯瞰してみると大したことはないと思えることが意外と多いです。

通常（0）からプラス（＋）になるセルフケア

❶ 何もしない時間もつくる

忙しい日常のなかで，意識的に「何もしない」時間をつくりましょう。多くの場合，自分では無理をしていることに気づきにくいものです。一度立ち止まり，ぼーっとする時間をもつことで，「あ，自分疲れているな」や「やりたいことやれていないな」など，人生において大事なことに気づくことがあります。例えば，朝の10分間を静かに過ごす時間として設定することや，授業の空きコマを思いきってリフレッシュするために活用することも有効です。

❷ ペンを止めずに書き続ける

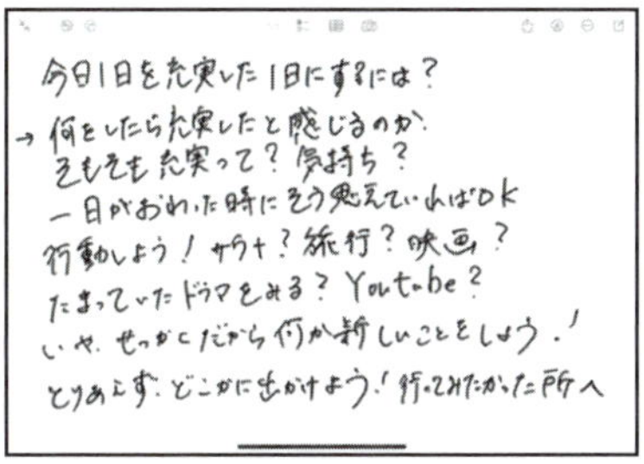

Ａ４の白紙を用意し，５分間，頭に浮かんだことをとにかく書き続けましょう。ポイントは，ペンを止めずに，思いついたことをなんでも書くことです。目に入ったものや感じたこともどんどん書きます。メモアプリでも可ですが，おすすめは手書きです。手を動かして書き出す行為そのものに意味があります。「定時退勤するためには」や「気になるあの子とのかかわり」など，お題を設定してもよいでしょう。

プラス（＋）を保ち続けるセルフケア

❶ 未来について考える時間をつくる

「10年後，どうなっていたいですか？」という質問を受けたことがあります。あまり考えたことのなかった質問で，答えを出せませんでした。それ以来，未来について考える時間を定期的にとるようにしています。２か月に１回でかまいません。予定表に，前もって組み入れておくのです。有意義な人生を送れている実感が増えました。

❷ 科学者マインドで捉える

「失敗おっけい」を教師が体現しましょう。教師が失敗に慣れていると，子どもが失敗したときにも寛容になれます。科学者のように「仮説→検証→失敗」を繰り返す考え方，科学者マインドで過ごすのです。授業や学級運営で新しい方法を試し，その結果を分析し，改善するプロセスを実践します。失敗を前提にすることで，より多くの仮説を検証し，成功への道が見えてきます。チャレンジは，失敗してもつぶれにくいプラスの状態のときに行います。

いろいろ試してみた結果，結局のところ，よく寝て，よく食べて，よく運動することが一番体調をよく保つ方法だと実感しています。

【参考文献】 ●鈴木祐著『運の方程式』アスコム

11月 特別じゃない，いつもの「縦割り」

村田　祐樹

縦割り活動を日常に

多くの学校では，縦割り活動が年に数回設定されています。限られた回数の縦割り活動すら，こなすだけになってしまっては実にもったいないです。非日常の特別なものという考えではなく，日常の一部にすることで，縦割り班で過ごす時間を増やすことを当たり前にできます。縦割り班のつながりが強くなると，「愛される６年生」に子どもたちが激変します。

縦割り活動の回数を可能な限り増やす

縦割り班の関係を深めるといっても，限られた数回の縦割り活動ではなかなか難しいのが現実です。朝の時間や休み時間を活用して，縦割り活動を常時活動に設定していきましょう。

〈取り組み方〉
①毎週○曜日の休み時間は縦割り活動の日と決める。
②活動場所，活動内容は掲示板を使って告知する。
③集まって活動する。

目的は，とにかく顔を合わせることで関係をつくっていくことです。はじめのうちはていねいに計画や準備を指導しますが，慣れてきたら，ただ集まって遊ぶ時間にするだけでも十分です。また，複数回，集まることで様々な活用方法が生まれてきます。運動会の時期には縦割り競技を練習したり，秋には読み聞かせを行ったり，花植え体験を縦割りで行ったり，学校行事や委員会とのコラボレーションもしたりできます。慣れるまでは移動に時間がかかったり，迷子になったりと苦労もしますが，定期的な取り組みにすることで慣れてきたら習慣化することができ，スムースに活動できるようになります。

縦割り活動が設定できなくても…

前述のように縦割り活動の時間を複数回設定できれば最高ですが，現実はなかなか難しいかもしれません。そこで，クラス単位で手軽に取り組めるのが「〇年生と遊ぼうタイム」です。よく年度はじめに，６年生が１年生の教室へ行って一緒に遊ぶ姿を見ますが，１年生に限定せずに他の学年にも縦割り班で遊びにいく時間をつくります。はじめは教師の意図で時間をとります。しかし，「一緒に遊ぶ」関係をつくることができれば，わざわざ時間を設定しなくても休み時間に自然な交流が生まれていきます。縦割り活動の時間ではないのに縦割りで集まって遊ぶ姿が見られるようになってきたら最高ですよね。

愛される６年生になる

縦割り班の活動に手応えを感じた瞬間は，卒業が近づいてきた６年生を送る会や卒業式で１年生が涙を流していたときです。６年生がたくさんの時間をかけて，ていねいに関係をつくってきたからこその姿だと思います。私は６年生が卒業する際には惜しまれつつ卒業できたらいいなと願っています。子どもたちにも「愛される６年生になりましょう」と伝えます。縦割りを通して全校とつながりをつくることで「愛される６年生」を目指してみませんか。

〈縦割り班で６年生を育てるポイント〉

□縦割り活動の時間を確保する

縦割り活動を週に１回にするのは容易ではありません。校内への周知はもちろん，児童総会で子どもたちの同意も得ることが必要になります。理想より少し無茶な提案をすることも一つの手です。例えば，週２回の縦割り活動を提案するのです。話合いを経て，週１回を落としどころにすることができます。

□縦割り間の連絡を密にする

縦割り間の連絡はクラウド上に Google クラスルームを立ち上げたり，縦割りごとのサイトを立ち上げたりすることが有効です。端末の活用が難しい場合は，子どもたちがよく通る場所にホワイトボードを置いて，共有することもできます。

12月

今月の見通し

積み重ねが総復習につながる「スキマの１問」

清野　弘平

今月の見通し

学校行事
- 防災訓練…足拭き雑巾を忘れずに
- 冬休み…安全指導・生活指導を徹底する

学年・学級
- 冬休み前後学年集会…残り３か月に火を灯す
- クリスマスお楽しみ会…クラスの思い出づくり
- 卒業文集・アルバム作成…六年間の集大成

家庭との連携
- 冬休みの課題設定・冬休み計画
- 保護者面談（希望者）…進路相談等

他
- 所見作成開始…計画的に取り組む
- 願書提出…様式や提出書類の確認

12月は学習のまとめの時期です。６年生にとっては，六年間の復習となり範囲もとても広いです。すべてを網羅することは難しいので，子どもたちが苦手なところを把握して，計画的に取り組みましょう。

★ 人は忘れる生き物である

「エビングハウスの忘却曲線」によると，人の記憶は，１時間後に約50％，24時間後には約30％，１か月経った段階では，約20％しか定着していないそうです。つまり，１回の授業だけで記憶の定着を図ろうとしても定着が見られないことは当然なのです。学習の定着を図るには，短い時間でも継続・習慣化した取り組みの方が効果的です。日々の積み重ねが優良で重厚なオリジナル問題集に変身する実践「スキマの１問」を紹介します。

「スキマの１問」を継続して学習の定着を図ろう

「スキマの１問」は以下のような流れで実践します。例えば算数科の例です。

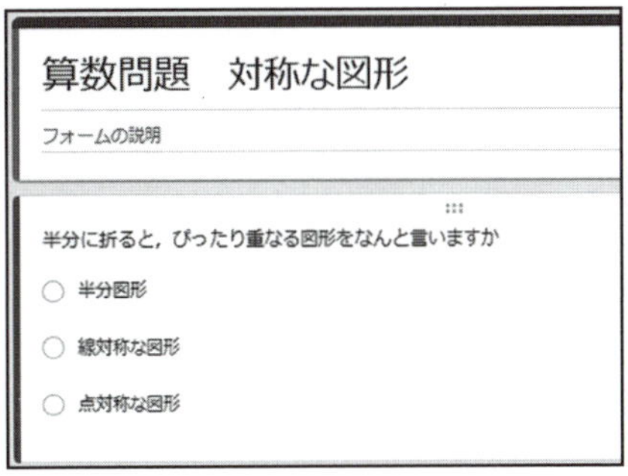

①事前に単元ごとにGoogleフォームを作成します。
②授業の終末場面で，子どもがGoogleフォームで問題づくりを行います（テストモードで作成すると，解答つきで問題を作成できます）。
③スキマ時間（給食後や朝の会後などの時間）に，作成した問題のなかから教師がとびきりの１問を選んで出題します。
④早く解き終わった人は制限時間（３分）まで，Googleフォームにある別の問題にどんどん挑戦します。

この実践のよさは問題を作成するのは子ども自身という点です。自分がつくった問題を先生が出題したり，みんなが解いたりするだけで，その子どもはとてもにこやかな表情になります。教師側も毎回問題を作成する必要がないので負担感がありません。

「スキマの１問」を活用して総復習をしよう

「スキマの１問」の実践を続けていると，気づけば1000問以上の問題ができています。この珠玉の問題たちをクイズアプリ「Kahoot!」を使えば，簡単に総復習で活用することができます。

❶「スキマの１問」で総復習の進め方

①「スキマの１問」のGoogleフォームをGoogleスプレッドシートに変換する。
②Googleスプレッドシートを「Kahoot!」にアップロードします。
③「Kahoot!」の問題を子どもたちに配信します。

❷「スキマの１問」で総復習のポイント

この実践のポイントは様々な単元の問題が網羅されている点です。例えば，４月から「スキマの１問」に取り組み続けていれば，６年生で学習したすべての単元の問題を作成していることになります。忙しい年度末の時期に総復習のために，大量のプリントを印刷したり，問題を新たに作成したりする手間が一切ありません。

【参考文献】
● MIEE MAETAのお手軽ICT活用「Googleフォームで作った問題をKahoot!にインポートする手順」YouTube（https://www.youtube.com/watch?v=TkJwc33bHI0）（参照日2025.02.05）

12月 こだわりと効率の卒業文集・アルバム

大内　秀平

卒業文集・アルバム

卒業文集やアルバムは，子どもたちがその学校で過ごした時間を形に残す貴重な証で一生の宝物となります。しかし，作成のための労力や負担感は莫大です。そこで，従来の方法に固執せず，新しい技術や考え方を取り入れ，卒業文集やアルバムを作成していきましょう。

卒業文集個人作文ページ

個人作文を手書きで作成する場合でも，業者指定の縦書きレイアウトを使用する場合でも，まずはGoogleドキュメントで構成を練りましょう。内容が即座に更新されるため，子ども・教師・保護者の間でスムースな確認と修正を行うことができます。おすすめの機能は「提案モード」です。教師は子どもが作成した文章を「提案モード」で添削していきます。子どもが「提案を承認」をクリックすると，自動で文章が置き換わります。確認と修正の手順が効率化されます。

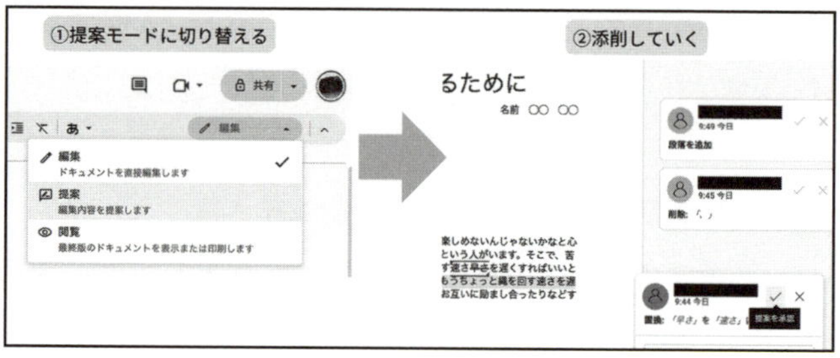

卒業文集クラスページ

クラスページは，Canvaなどのデザインツールを活用して作成しましょう。デジタルとアナログのよさを生かした二つの方法を紹介します。

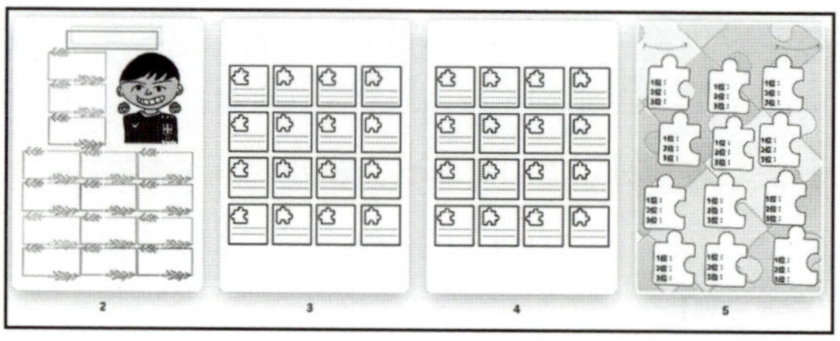

❶ Canva でレイアウト→印刷→切り取って手書き→紙に貼り合わせる→提出

まず，担当児童が Canva を使って大枠をレイアウトします。次に印刷をして切り取り，クラスメイトに配付します。それぞれが手書きします。最終的には集めたものをのりで貼り合わせていきます。手書きで文字を残せるところが魅力です。

❷ Canva でレイアウト→共同編集→手描きのイラストなどを取り込む→提出

レイアウトしたものを印刷せず，共同編集していきます。手描きのイラストを入れたい場合はスキャンして取り込みます。同時に編集を行えるため効率よく作成することができます。

★ 卒業アルバム

❶ 日常の写真を卒業アルバムへ

卒業アルバムには授業中や休み時間の様子を載せた日常のページがあります。しかしそこに載っているのは年間約200日のなかのおよそ一日の姿です。写真屋さんが切り取った学級の姿だけではなく，担任や子どもたちが撮った学級の姿も載せたいです。私が担当した学年では，先生方や子どもたちが撮影した写真を大量に共有し，裏表紙の裏側にタイル状に敷き詰めてもらいました。200日の思い出が蘇る大切なページとなっています。

❷ AI 技術を積極的に活用

卒業アルバム作成で最も大変なのが，全員が満遍なく写っているかを確認することです。AI技術も発達している昨今，それを導入している業者も増えてきています。もちろん完璧とはいかないですが，「誰が何回写っているか」を瞬時にデータ化してくれます。

★ 積極的に業者とのやり取りを！

何も言わなければ「例年通り」です。相手もプロです。私たちが思っている以上の技術をもっています。子どもたちと教師がやりたいことを提案してみる価値ありです！

また，大切なことは，効率化を求めるあまり，「作業」になってしまってはいけない，ということです。子ども・教師・保護者・業者で共につくり上げるものにしたいです。それぞれのこだわりを具現化するための「効率化」だと思います。何を大切にしたいのかを考えてつくり上げていきましょう。

学級づくりのポイント
授業づくりのポイント

12月 特別な支援が必要な子と共につくる学級

塚野　駿平

通常の学級のなかにある特別支援教育

今日の教室において一人一人を認め，それぞれに合った支援を行うことが欠かせません。多様な個性を認め，あたたかい気持ちでかかわり合うことは期間をかけて育みたい大切な心です。

4月に共通認識をつくり上げる

まず，子どもたちが特別な支援について知る場面を設けます。この場が学校生活を送るなかで非常に重要な役割を担います。できれば4月中に，「人にはそれぞれ個性があり，得意なことや苦手なことが違う。その違いを認め，みんなで支えていくのが学級集団である」ことを伝えます。特別な支援の具体例をていねいに説明し，そのような支援を見下したり馬鹿にしたりする雰囲気ではなく，あたたかく認める雰囲気をつくります。必要に応じて，特別支援学級担任と打ち合わせし，できれば学年集会などで行いましょう。

授業場面で心を育てる

特別な支援が必要な子も安心して学校生活を過ごすには，周りの子の協力が必要不可欠になります。ここでは，体育のゲーム領域でのかかわりを例にします。

❶ 全員が通常ルールでゲームを行う

まずは，全員が同じルールでゲームを行います。他の子と同じように，うまくできる可能性があるからです。ただ，そうではない可能性もあります。そんなとき，子どもたち自身がエラーを実感し，「このルールどうにかならないかな？」と思うようになります。

❷ 対象児童本人に確認する

①ゲームをやってみてどうだったか②自分専用のルールをつくった方がよいか③そのルール

を学級で話し合ってよいかを本人と確認します。②に関しては，慎重に話を進めることが大切です。担任としては，「ルールをつくった方が，みんなが楽しめる体育になると思う」というスタンスであれば，躊躇なく伝えます。必要に応じて保護者の同意も必要となります。

❸ 学級で話し合う

学級全体でルールについて話し合う場を設け，話題の一つとして「みんなが楽しめるようにルールを工夫したい」と提案します。子どもたちから話題として挙がってくる場合もあります。

以下は，実際に私の学級で行われた「ベースボール型ゲーム」での子どもとのやり取りです。このときの学級には，車椅子のＡ児がいました。授業後，学級全体でゲームのルールについて話し合っているなか，こんな話になりました。

Ｃ：私，同じチームだけど，正直そこであまり点が取れなくて残念だった。
Ｃ：Ａさんだって楽しめていないと思うんだ。
Ｔ：じゃあ，みんなが楽しく体育できるようにするには，Ａさんに何かルールが必要だと思うってこと？　みんなはこれについてどう思う？
Ｃ：この時間で決めようよ。
Ｃ：Ａさんは獲得した点と常に３点ボーナスされるっていうのは？
Ｃ：それだと，アウトになっているのに３点も入って，それってＡさんは嬉しいのかな。
Ｃ：じゃあ，打った後，Ａさんがコーンを通過するまでは守備側がボールを捕っちゃいけないっていうのは？
Ｃ：それよさそう！　Ａさん，どう？？
Ａ：うん。よさそう！
Ｔ：じゃあ，そのコーンをどこに置くかは，またやりながら決めよう。とにかく，「みんなが楽しめる」っていうのは守っていきたいよね。

その後のゲームで，子どもたちはコーンをどこに置くかを話し合いながら決めていきました。こんな風に「みんなが」という視点を様々な場面でもち，自分たちで考え，選択できる集団を目指したいです。似たような状況が学校生活内にはたくさんあります。また，目で見て気づきにくい困難さを抱えている子もいます。これまでの見取りから打てる手立ては事前に想定し，活動中も表情やつぶやきなどにアンテナを張りましょう。

変えるのは子どもではなく，既存のルールや固定観念です。「もっとこうすればあの子にとってよい学校になるかも」という視点で考えることが大切です。

12月 冬休み日直日が「究極の一日」になる過ごし方

清野　弘平

★日直の一日をどう過ごしますか？

冬休みのある一日，あなたは日直に当たってしまいました。日直の業務を差し引いたとしても多くの時間はあなたが自由に使える時間です。その一日をどう過ごしますか。せっかくなら日直の一日を仕事がおもしろいくらいに捗る「究極の一日」にしませんか。

★事前準備「3分ジャッジ」で To Do リスト

仕事には重量があります。５分や10分で終わる比較的「軽い仕事」と，30分や１時間以上はかかる「重い仕事」です。初めて取り組む仕事は重量を判断するのが難しいです。なので，まずはその仕事に触れてみましょう。具体的にはそのファイルを開いてみて３分だけ資料を作成してみましょう。そのなかで仕事の重量をジャッジします。軽そうならその勢いのままやってしまいましょう。そして，その日では終わらなかった重たい仕事は「To Do リスト」に記入しておきます。そうすると，「究極の一日」で終わらせたい仕事が見えてきます。

★日直当日　究極の一日の過ごし方

いよいよ日直の日です。今日を「究極の一日」にする方法は，とてもシンプルです。

❶ 出勤したら Will Do リスト

まずは「To Do リスト」を見ながら，今日必ず終わらせる「Will Do リスト」を作成します。ここでのポイントは，仕事を細分化することです。例えば，卒業式の職員会議資料を作成する場合は，「別れの言葉の台本」「会場の設営」「職員や子どものタイムスケジュール」など，細かく分類して，今日必ず終わらせる仕事は何かを見極めます。例えば，「別れの言葉の台本は早めに起案する必要があるから，先にやろう」のように，仕事を細分化し優先順位をつけます。

❷ 5分ダッシュ法で集中力を高める

行き詰まりを感じたときにおすすめの方法が「5分ダッシュ法」です。実際に走るわけではありません。全力でダッシュするように，タイマーをセットして5分間仕事に打ち込むのです。自分を追い込むストイックな手法なのですが，短時間かつ終わりの時間が決まっていることで集中力が回復することが高確率で起こります。新アイデアを絞り出す際にも有効な手法です。

❸ 日直の業務を上手に取り入れる

人の集中力は大人でも90分間が限界で，深い集中力は15分間程度しか続かないそうです。集中力を維持するためには，脳のリセット時間を挟むことも重要になってきます。そんなときには息抜きしながら各教室の見回りをしましょう。美しい教室環境や魅力的な図工作品，係などの学級活動が盛り上がっている雰囲気，すでに新年のメッセージが黒板に書いてあり課題を効率的に集める準備がしてある教室…。

創造性あふれる実践のアイデアがむくむく湧いてきます。残り3か月間を悔いなく過ごすためにも冬休みを有効活用しましょう。

To Do 学年

- □ 会計簿
- □ 卒業式計画
- □ 卒業アルバム最終チェック

To Do 学級

- □ 教室の片付け
- □ 出席簿
- □ 会計簿

締め切りリスト（To Do リスト）

Will Do

- □ 会計簿 出納簿作成
- □ 会計簿 起案
- □ 出席簿 印刷&提出
- □ 卒業アルバム 名簿→人数確認→業者にTEL
- □ 研究紀要 個人 1ページ作成

今日やるリスト（Will Do リスト）

〈これからの教師に必要なスキル〉

□「究極の一日」でない日にも価値を感じる

普段から「究極の一日」のような働き方ができることが理想です。しかし，待ちに待った冬休み！　思いっきりだらだらするような先生らしくない時間を過ごすことにだって価値があります。勤務日と休日のメリハリをつけることも，これからの教師にとって必要なスキルです。

【参考文献】
- マーク・フォースター著，青木高夫訳『仕事に追われない仕事術　マニャーナの法則　完全版』ディスカヴァー・トゥエンティワン

1月

今月の見通し

中1ギャップを起こさないための中学校との情報交換

村田　祐樹

今月の見通し

学校行事
- 奉仕作業…校舎に感謝を伝える
- 書き初め…日本文化に触れる

家庭との連携
- 中学校入学説明会…安心をベースに
- 中学受験…学校にできる最大限の配慮を
- 不登校対応…ゆるやかにかかわり続ける

学年・学級
- 卒業式練習開始…練習は心構えから
- 卒業プロジェクト…自らの手で彩りを

他
- 情報モラル…適切な付き合い方を学ぶ

教師も子どもも「いい終わり方」を意識して，日々の生活を送る３か月間が始まりました。中学校という新しいスタートも，いよいよ現実味を帯びてきます。小学校のうちにできることに全力で取り組んでいくなかで，中学校の先生方との連携もとても重要になります。

★ 中学校の生活を小学校にも取り入れる

中学校との情報交換の場はとても貴重です。

> 残り３か月間で身につけてほしいこと

を中学校の先生方にインタビューすることがポイントです。中学校への接続が段違いにスムースになります。

中学校の先生方が小学校に足を運ぶ機会があるなら，子どもたちに直接話をしてもらいましょう。授業をしてもらうのも効果的です。中学校の先生に技術科の授業をしてもらうと，「中学校は不安だったけど，技術の授業がすごく楽しみになった」と言っている子どももいました。人間は目に見えないものやことに恐怖を抱きます。中学校の先生方と会って声を聞くだけで，子どもたちの不安は随分と軽くなるようです。

生活ノート

多くの中学校では，自分の予定を記入したり，一日をふり返ったりするノートを書きます。私の勤務する地域では「生活ノート」という名称です。予定を記入したり，一日をふり返ったりするノートです。中学校の先生によると，毎日書くことに負担感がある子も多い実態を耳にしました。

そこで，中学校の先生にデータをもらい，３学期のうちから似た形式のプリントを連絡帳に貼り付けて使うようにしました。授業の内容と宿題や持ち物，一日のふり返りを記入して次の日の朝に提出します。教師は子どもたちのふり返りに一言コメントをします。教師とのコミュニケーションツールにもなっているのです。実際に中学校への不安を書いていた子も，生活ノートでのやり取りを経て胸を張って卒業していきました。

その後，入学直後から「生活ノート」にスムースに取り組めている子どもたちの話を中学校の先生から聞きました。有限のときのなかで，小学校時代にしかできない尊い体験も大切にしてほしいです。一方で，新しい環境のなかで慣れ親しんだものがあると安心できる子ども心にも思いを傾けましょう。中学校の取り組みを一つだけ先取りしてみるのはいかがでしょうか。

月	月　日	今日の評価	A・B・C	今日の記録
時	教科	内容		
1				
2				
3				
4				
5				
6				
連絡				

火	月　日	今日の評価	A・B・C	今日の記録
時	教科	内容		
1				
2				
3				
4				
5				
6				
連絡				

水	月　日	今日の評価	A・B・C	今日の記録
時	教科	内容		
1				
2				
3				
4				
5				
6				
連絡				

木	月　日	今日の評価	A・B・C	今日の記録
時	教科	内容		
1				
2				
3				
4				
5				
6				
連絡				

金	月　日	今日の評価	A・B・C	今日の記録
時	教科	内容		
1				
2				
3				
4				
5				
6				
連絡				

今週のふりかえり

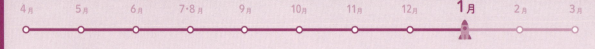

1月 学校への愛着を深める「卒業プロジェクト」

大内　秀平

卒業までの日々を彩る

六年間の学校生活を終えるにあたり，子どもたちにはやり残したことがないようにして，次のステップへと旅立っていってほしいです。「卒業プロジェクト」は，６年生で行う「プロジェクト活動」の総仕上げとして行います。成長や学びを実感できる重要な活動であり，卒業までの日々を彩り，思い出をつくる時間です。

卒業プロジェクトの手順

❶ アイデア出しと練り合い

まずは，子どもたちが自由にアイデアを出します。この段階では，思いついたことをすべて挙げてみることが重要です。次に，座標軸を使って実施可能な基準を明確にします。基準は，「自分たちの思い出」と「まわりの幸せ」です。この二つが満たされる部分（右上）に当てはまりそうなアイデアを探ります。座標軸の右下（自分たちの思い出になるけれど，まわりの幸せにはならない）に当てはまるアイデアも，どのように工夫したら右上になるのかを考えます。ここの練り合いが，やりたいことを実現するために大切なポイントです。最後に座標軸の右上に当てはまるアイデアを全体で共有します。ただし，ここで決定はしません。実現の可能性を探るために一旦寝かせることが大切です。

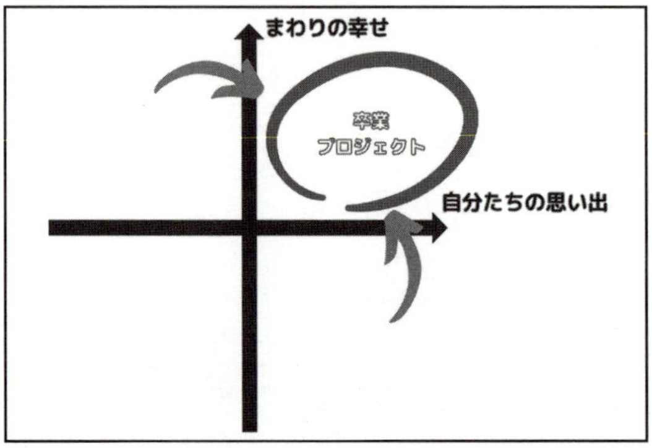

❷ 教師が調整

放課後に学年の先生や管理職の先生に子どもたちの思いを共有し，実施の可能性を探ります。いわゆる根回しです。「子どもの思いをどうやったら実現することができるのか」担任としてのがんばりどころです。調整の結果，どうしても難しい活動の場合は「なぜ実施できないのか」その理由をしっかりと子どもに伝えます。それを知る経験も大切です。

❸ 所属の決定・計画

翌日，子どもたちと所属するプロジェクトを決定します。複数学級の場合は，クラスごとにプロジェクトを一つ決めてもよいです。そしてプロジェクトの全体構想（ゴールとプロセス）を話し合います。教師からも「授業時間は○時間使います」と伝え，活動に見通しをもてるようにします。

- ゴール：いつ，どこで，何を，どのようにやるのか
- プロセス：誰が，何を，いつまでにするのか

❹ 実行

子どもたちだけで完璧に進められるように準備をすることが大切ですが，うまくいかないこともあるでしょう。本来ならば失敗も経験して次の機会でリベンジしたいのですが，もう子どもたちにこの学校でのリベンジする時間はありません。とにかく子どもたちが「できた！」「やってよかった！」と思えるように教師も全力でサポートをしましょう。

★ 卒業プロジェクトを通して学校への愛着がさらに深まる

仲間と目標達成に向けて努力すること，自分たちの思いを実現するために先生方が協力してくれること，学校や在校生の心にも思い出が残ること，これらの経験が学校へのさらなる愛着につながります。そして子どもたちが未来へと羽ばたくための大きな力となります。

〈卒業プロジェクトの例〉
学校：学校清掃，下駄箱ペンキ塗り，花植え
先生：お世話になった先生へ感謝状，先生とスポーツ対決
家庭：お礼のプレゼント，感謝の手紙
下級生：一緒に休み時間に遊ぶ，休み時間に勉強サポート，縦割り活動思い出動画
学年（※６学年だけで行う卒業プロジェクト）：思い出動画，手紙交換，思いっきり遊ぶ，タイムカプセル，六年間の学習クイズ

1月 SNSトラブルを防ぐ授業「SNSについて考えよう」

清野　弘平

SNSと学校

小学生のなかで，スマートフォンの所持率やSNSの利用率が最も高いのが当然6年生です。SNS上でのトラブルも想定でき，情報モラルの指導が最重要視される学齢期です。基本的にSNSは原則，保護者の管理のもとで利用するものです。しかし，そのトラブルの相談を受け，学校が対応するというケースは非常に多くなっています。そうした事案を未然に防ぐために，実際のSNSでの場面をイメージしやすい教材をつくり，道徳の授業として実践しました。

道徳「SNSについて考えよう」

同じクラスの仲良し三人組「はなさん（本人），えなさん，りかさん」がいます。この三人は毎日SNS上でやり取りをしています。それなのに突然，えなさんとりかさんから，はなさんにSNSで次のような文章が送られてきました。

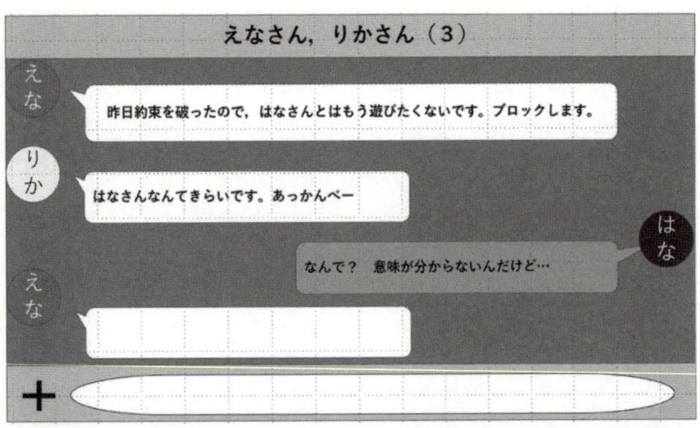

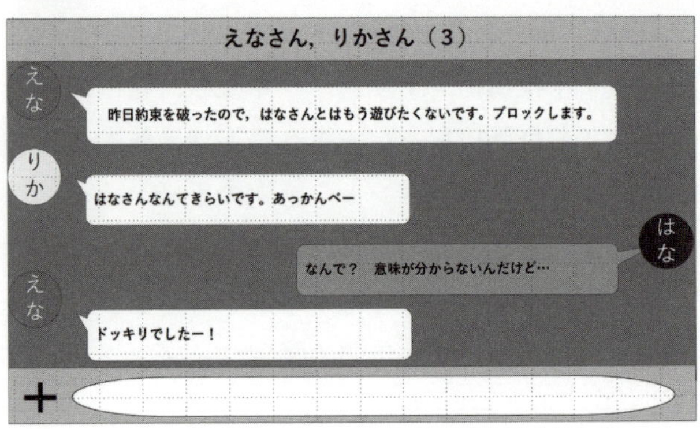

えな「昨日約束を破ったので，はなさんとはもう遊びたくないです。ブロックします」

りか「はなさんなんてきらいです。あっかんべー」

はな「なんで？　意味が分からないんだけど…」

はなさんは身に覚えがないようです。ここで子どもたちに「この後えなさんは何と言ったでしょうか」と発問をしました。子どもたちはノートに考えを書きます。数名を指名し，その後にえなさんから送られてきた文章を見せました。
えな「ドッキリでしたー！」
えなさんとりかさんが怒っていたというのはドッキリ，つまり冗談だったのです。はなさんはこの一件で二人に腹を立てて，他の SNS に二人の写真に悪口を加えて投稿しました。
ここで子どもたちに「はなさんの SNS の投稿はその後どうなっただろうか」と発問しました。すると子どもたちからは「炎上したと思う」「三人はさらにケンカをしたと思う」などの意見が出ました。
次に，「この話の三人それぞれの問題点はどこだろうか」（中心発問）という発問をして，グループで話合いを行いました。「SNS などの文字だけの場面だと気持ちが上手に伝わらない」「どんな理由があっても悪口を SNS に書いてはいけない」「ドッキリは，ネットでも，会っていてもトラブルの元」などの意見が出ました。ふり返りを通して，情報モラルについての大切な気づきを共有することができました。

この授業で伝えたかったこと

❶ 文字だけでコミュニケーションをとるのは難しい

コミュニケーションにおいて，非言語コミュニケーション（表情や声のトーンなど）が，気持ちのすれ違いをなくしていくために実はとても重要です。SNS 上での文字だけのやり取りの難しさを知ることで，日常のコミュニケーションへもよい相乗効果がもたらされます。

❷ SNS は取り返しがつかない

デジタルタトゥーという言葉があるように，SNS の投稿は取り返しのつかない状況に陥ることがあります。一時の感情で人生を棒に振らないためにも，SNS との付き合い方には細心の注意を払います。適切に SNS と付き合っていけるように，保護者との連携も必須です。

〈授業がクラスづくりに直結する道徳授業の留意点〉

□自主教材には細心の注意を払う

SNS など子どもの日常生活と密接なかかわりがある教材は，子どもたちにとって親近感が湧き，自分の考えをもちやすくなり，意見交流が活発になります。その反面，リアルな教材は配慮が必要です。例えば今回の教材でいえば，「クラスのなかで同様の投稿をされていて，悩んでいる子どもがいるかもしれない」などという配慮が必要になります。自主教材を開発する場合には，様々な視点でその教材を分析することや，管理職や同僚に一度見てもらうことが望ましいです。

4月 5月 6月 7・8月 9月 10月 11月 12月 1月 2月 3月

1月 不登校からクラスに戻る一歩を支えるアプローチ

髙橋　恵大

★ その子の好きなことに興味をもつ

不登校対応には様々な方法がありますが，担任ができることには限りがあります。それでも小さな取り組みから始めることで，その子の人生にとって少しでもプラスになる可能性はあります。

例えば，自分の「好きなもの」に興味をもってくれる人がいると，どのような印象を受けるでしょう？　「その人のためにもっと詳しくなりたい」「またその人と話したい」という前向きな気持ちが生まれるのではないでしょうか。これは，信頼関係を築くための最も基本的な要素です。シンプルで取り組みやすいにもかかわらず，その効果は絶大です。

〈ステップ〉

❶ 相手の「好きなもの」を知る

急に「好きなものは何？」と尋ねても，相手が自己開示してくれないことはあります。何度かやり取りを重ねて，粘り強く聞いてみましょう。もし，クラスメイトやその子のことを知っている友達がいれば，事前にインタビューして情報を集めるのもよい方法です。「もうそれは好きじゃない」と言われても，「じゃあ，今好きなものは何？」と聞くことができれば問題ありません。好きなものを知れることはチャンスです。めげずに聞きましょう。

❷ ていねいに話を聞く

好きなものについて話を聞けたら，「どんなところが好きなの？」とさらに深く聞いてみましょう。例えば，アニメのキャラクターについてなら，形が好きなのか，色が好きなのか，それとも性格が好きなのかを尋ねることができます。スポーツなら，ルールや好きなチーム，選手についての話を聞くことができるでしょう。もし勉強について語ってくれたら，その教科から一緒に取り組んでみるのもよいでしょう。相手が熱心に話してくれたら，それはよい兆候です。たくさん質問し，関心を向けることで，心の距離はどんどん縮まっていきます。

❸ 一緒に調べる

このステップが鍵を握ります。端末を活用して一緒に調べることができるため，気軽に取り組むことができる時代になりました。例えば，画像を検索して「これ？」と尋ねたり，YouTube の動画を一緒に視聴したりします。勉強が好きな子には，NHK for School などの教育番組を一緒に見て，「この番組おもしろいよ」と勧めると，次回までにその動画を見る子もいます。

❹ 自分も興味を示す

その子が興味をもっていることに，自分も全力で関心を寄せてみましょう。例えば，アニメなら少し観てみたり，スポーツならその結果をチェックしてみたりします。次に会ったときの会話が広がります。相手も，その話題に詳しくなっていることや調べてきたことがわかると，より心を開いてくれるかもしれません。

❺ グッズを用意する

その子が好きなものに関連するグッズを用意するのも，効果的なアプローチです。例えば，下敷きなど，手頃なアイテムが特におすすめです。同僚や友達がそのグッズを持っている場合は，借りるのも一つの手です。物のもつ力は思った以上に大きいものです。大げさに感じるかもしれませんが，もし手に入るなら，試してみる価値はあります。理想的なシナリオは，教師が身につけたグッズに子どもが気づき，「先生，それ〇〇だよね！」と話しかけてくることです。そこから自然な会話が生まれ，信頼関係は深まります。子どもから話しかけてくれるのは，まさに絶好のチャンスです。

〈不登校の子どもを支えるときに大切にしたいこと〉

□子どもは「アクセル」大人は「ブレーキ」を踏む

子どもが少し前進したとき，大人は「まだいけるでしょ」と思い，子どもの背中を無理に押してしまうことがあります。しかし，大人の役割は，子どもが踏んだアクセルを調整し，時にはブレーキを踏んで「そんなに無理しなくていいよ，自分のペースを大切にして」と伝えることです。ただし，この方法が必ずしも正しいとは限りません。その子に合ったやり方を，模索し続けようとすることが重要です。

2月

今月の見通し

学びの好奇心を引き出す「子ども授業」

髙橋　恵大

今月の見通し

学校行事
- ６年生を送る会…貢献が報われる瞬間
- 卒業制作…様々な表現の在り方で

学年・学級
- 学習のまとめ…脱・やらされ感が重要
- 卒業に向けた学級の団結・レク

家庭との連携
- 授業参観…小学校生活最後の参観をあたたかく
- 学年・学級懇談会…卒業式に向けて
- 進学に向けたサポート…ていねいに慎重に

他
- 通知表作成…将来開いても嬉しいものに
- 志望校の最終決定・進学先の準備

２月になると，学習内容のほとんどが終了し，まとめの単元に入ります。そこで，子どもたちが授業を行う機会を設けます。子どもたちは，自分の得意分野や教えたい内容をまとめの単元と関連づけて授業を構成します。「好きなことを授業にしていいよ」と提案すると，目を輝かせてやる気を見せる子もいます。教科内容や時数，特別教室の調整などは，教師の腕の見せ所です。子どもの知的好奇心を刺激し，わくわくする体験を通して，中学校での学習へのステップアップに結びつけてみませんか？

子ども授業の進め方

❶ 授業をする人を募る

「最初に授業をしてみたい人？」と聞くと，意外と多くの子が手を挙げます。誰かが実際に授業をすると，その後

「私もやってみたい！」と言う子が増えることがよくあります。個人で行うソロはもちろんのこと，ペア，グループ，と授業者の人数を自己選択します。

授業時間も，ショートコース（５分），ミドルコース（10分），ロングコース（15分）から選べるようにします。「係活動の発表を少し長めにするイメージだよ」と助言しています。

❷ 何の授業をするか考える

その子の得意分野で授業を行うことをおすすめします。例えば，プログラミングが得意な子なら，一緒にプログラムをつくる授業。算数が得意な子なら，計算問題や難問を作成し，みんなで解く授業が考えられます。授業の時間配分やプリントなどの準備物については後から調整可能なので，まずは「やってみたい」という思いを大切にします。

❸ 授業の事前準備をする

子どもたちが最もわくわくするのが，この段階かもしれません。得意な分野での授業準備は，子どもたちが「こうしたらどうなるのかな？」という好奇心を膨らませる機会です。構想段階では，純粋にうまくいくイメージだけをもっている子も多いです。その無邪気な期待感がとても愛らしく，そのまま背中を押したくなります。しかし，ここで教師の出番です。毎日の授業で培ったイロハを惜しみなく子どもたちに伝えます。例えば，「ずっと先生が話すんじゃなくて，活動を取り入れたり，質問をしたりしてみよう」などと助言します。実際に取り入れるかどうかは，子どもたちしだいです。

❹ 授業をする

子どもたちは授業を楽しんで行います。飛び跳ねたり，にやにやしたりして，自分が知っていることをみんなが聞いてくれることに喜びを感じている様子が見られます。また，自分が出した問題に対してクラスメイトが真剣に取り組む姿を見て，さらに嬉しそうです。

❺ フィードバックをもらう

実際に授業を終えた子どもたちは，達成感に満ちています。授業後にクラスメイトからフィードバックをもらい，満足気な様子でした。「またやりたい！」とふり返る子が多かったです。

内気な子や気になるあの子が，クラスメイトから「○○さんのおかげで…」や「すごいな○○君！」と称賛される場面がありました。また何年もその子を見守ってきた先生がたまたま通りかかり，その成長した姿に感動して涙を流すこともあったほどです。

こうした変容が見られるため，２月に限らず，夏休み前や１学期末など，年間に数度チャレンジしてみることもおすすめします。

4月 5月 6月 7･8月 9月 10月 11月 12月 1月 **2月** 3月

2月 小学生でしかできない「楽しい遊び」経験

塚野　駿平

小学校生活でしかできない経験を

４月，子どもたちに「どんな学級にしたい？」と聞くと，子どもなりの目指す学級像が出てきます。高確率で上位に「楽しい」が入ってくるのではないでしょうか。子どもたちが願う「楽しい」学級を目指すためには，「学級遊び」が欠かせません。最後の一年間だからこそ，そして小学校生活最後の今こそ，駆け込みでも楽しい経験ができるよう仕組みましょう。

2月だからこそ，楽しい遊び

２月は，感染症の流行，受験などにより，学級全員が教室に集まらない日も少なくありません。また，外で遊ぼうにも悪天候で思うような遊びができないこともあります。だからこそ，人や天候の条件が整ったときには，思いきってみんなで楽しい遊びをして笑い合うのです。

❶ 復活の呪文鬼ごっこ

「復活の呪文」を３回唱えると，捕まった仲間が復活する鬼ごっこです。逃げている二人以上で，捕まってしまった人の周りを囲むように手をつなぎ，復活の呪文を唱えます。呪文を学級目標にすると，学級目標の浸透につながります。呪文をあえてまったく関係ないワードにするのも一興です。「ナポリタン！ナポリタン！ナポリタン！」と手をつなぎながら叫んでいる自分たちが，なんだか馬鹿馬鹿しくて笑えてきます。制限時間を決めてスタートしましょう。教師も率先して呪文を叫ぶと，子どもたちもどんどんのってきます。

❷ 雪遊び

地域によっては降雪がある季節です。理科で「雪の結晶の観察をします」という大義名分で外に出ます。みんなで雪遊びなんて，小学校以外ではなかなかできることではありません。定番は雪合戦です。安全に取り組むことだけ確認したら，細かいルールは必要ありません。大胆に１時間授業時間を使い，広いグラウンドを使ってとにかく全身で雪を味わいましょう。

❸ ペーパータワー選手権

Ａ４サイズの紙をグループに10枚ぐらい用意します。制限時間内にできるだけ高いタワーを作ったグループが勝ちというシンプルなルールです。タワーは自立する必要があります。

この時期は多くの教室で暖房を利用していると考えられます。勝敗に影響が出るので，いっそ，暖房を止め，みんなでコートを着ながら取り組むのはいかがでしょう。熱中するにつれ，コートなんて脱ぎ出すぐらい盛り上がっていること間違いなしです。最後は，グループ対抗ではなく，学級で一つの大きなタワーに挑戦し，タワーの前で写真を撮るといい思い出になります。

❹ ダジャ歴史

ペアやグループを編成し，歴史の学習用語を使ってダジャレをつくります。完成作品をみんなで見合って笑い合いましょう。まずは教師が一つつくって披露します。ダジャレに対するイメージがもてると取り組みやすいです。ネット検索をして，真似をすることから始めてもかまいません。以下は，過去のダジャレの一例です。

- 蘇我氏はきっといい「そが」しい。
- 関白という位は天皇の次「くらい」。
- 明治天皇，何「命じてんの」？

どっと笑える意味不明系のダジャレや思わず唸る感心系のダジャレなど，十人十色のダジャレが出てきます。

学級で過ごす時間が笑いにつながるような工夫で，楽しい学校生活を送れるようにするのも，教師の役割の一つです。「２月で卒業が迫っているからやっておこうか」ではもったいないです。４月や５月から積極的に行うこともできます。最初は担任から声をかけても問題ありません。「みんなで一緒に遊ぶ」という体験は，何も子どもだけに限った話ではないからです。

体を使った遊びから頭を使う遊びまで，教師も含めみんなで無邪気に過ごした何気ない一日が，実はかけがえのない思い出になっているものです。子どもたちにとっても，一緒に遊べる教師ほど信頼できる教師はいないはずです。

【参考文献】
- 多賀一郎監修，鈴木優太編，チーム・ロケットスタート著『学級づくり＆授業づくりスキル　レク＆アイスブレイク』明治図書

2月 三者の思いを共有する学級懇談会

大内　秀平

三者の思いを共有する時間

私は，学級懇談会は，子ども，保護者，教師の三者の思いを共有する時間だと考えています。そのプログラム例を紹介します。ありがたいことに保護者の方から「120点の懇談会！」とお褒めの言葉もいただきました。

オープニングムービー

写真をスライドショーで上映します。場の雰囲気を和らげることが目的なので，明るい曲に合わせてテンポよく写真を流します。係活動などで子どもたちが作成した動画がある場合は，それを流すのもよいでしょう。事前に告知しておくことで参加率アップにもつながります。

私が思う６年○組（子ども）

❶ 子どもにアンケート

事前に子どもに Google フォームなどを活用してアンケートを実施します。内容は「６年○組って一言でどんなクラス？」と「その理由」などです。

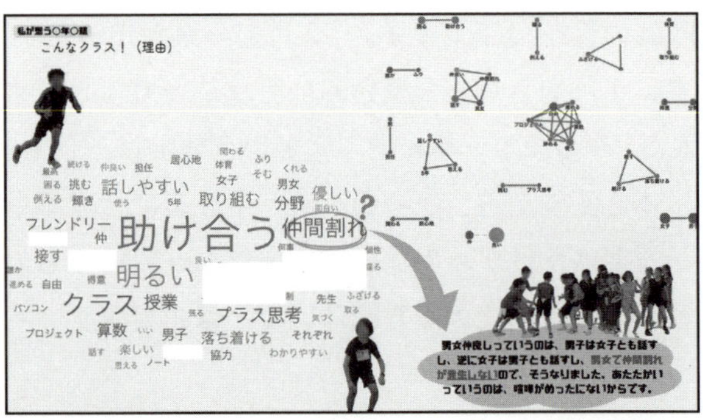

【参考】ユーザーローカル「AI テキストマイニング」による分析（https://textmining.userlocal.jp/）（参照日2025.02.05）

❷ AI テキストマイニングで傾向を分析

AI テキストマイニングとは，大量のテキストデータ（頻出する単語や情報）から AI が有用な情報を抽出・分析してくれるツールです。ブラウザで利用することができます。アンケート結果をアップロードし，傾向を可視化しましょう。公開する前に，「どんな言葉が多いと思いますか？　隣の人と話してみてください！」などと問いかけるのも盛り上がります。最後に子どもの言葉を根拠に，具体的なエピソードや担任の見立てを伝えましょう。

グループトーク（保護者）

❶ 保護者に事前アンケート（二週間前）

懇談会で話題にしたいことのテーマを募集します。以下のようなテーマが集まりました。

- 子どものできること・できないことをどうフォローしていくか
- 中学生に向けて心がけていること
- 家庭でのデジタル機器の使用時間の制限方法・スマートフォンの与え方

❷ グループごとに話し合う

テーマを選択して話し合ってもらいます。私の場合は，普段子どもたちがワールドカフェ※形式で話合いを進めているため，同じ活動を体験してもらいました。より多くのコミュニケーションが生まれ，盛り上がりました。大切なのは，各テーマに対する担任の考えも伝えることと，グループごとにホワイトボードに記録してもらって後日子どもたちにも伝えることです。三者の思いを共有することができます。

※ワールドカフェ：カフェのようなリラックスした雰囲気のなかで少人数に分かれて対話を行い，他のテーブルとメンバーをシャッフルして対話を続けること。

エンディングムービー

卒業式の日に流す予定の動画を上映します。これから加わるシーンもあることから，作成途中の動画になります。卒業式後の学級の時間に保護者が入れない学校もあります。事前に一部を共有することで，担任の子どもたちへの思いを知ってもらい，より安心感をもって卒業の日を迎えることができるようになることでしょう。

〈学年団の同僚教師と協力するポイント〉

□動画はテンプレートを活用・共有する

動画（スライドショー）制作のハードルが高い先生もいることでしょう。Canva などで動画を作成して，そのファイルを同僚の先生に共有しましょう。写真や動画の素材を入れ替えるだけで簡単に作成することができます。

学級づくりのポイント
授業づくりのポイント

2月 一人一人に感謝を伝える6年生を送る会

村田　祐樹

6年生だけが主役じゃない

6年生を送る会は5年生が全校のリーダーとなるデビュー戦です。6年生を楽しませるために全校が計画し，準備をしてくれます。6年生は，五年間送り出す側としての体験をたっぷりとしてきています。お返しとして与えられた6年生の時間を，感謝を伝えることに全振りすると感動的な送る会にすることができます。

誰に感謝を伝える時間にするのか

この時期の6年生は，「感謝」を伝える場面がたくさんあります。もちろんすべてが感謝を伝える場面なのは間違いないのですが，それぞれの場面で誰に感謝を伝えるのかを考えると，目的と方法がはっきり見えてきます。

卒業式	→	先生方・学校・家族
愛校作業	→	校舎
最後の授業参観	→	家族
6年生を送る会	→	在校生

このように整理すると，6年生を送る会の目的も「6年生からも在校生に感謝を伝える場にする」と明確になります。子どもたちとも目的をはっきりさせたうえで，与えられた時間をどのように使うか考えることが大切になります。

感謝を伝えることに全振りする

6年生からのお礼として与えられた時間は卒業式の歌を歌ったり，呼びかけをしたりすることが定番です。しかし，在校生はたくさんいます。感謝を伝える相手の顔を思い浮かべることは容易ではありません。「６年生の一人として，在校生みんなに感謝を伝える」から，「私から○年生の○○さんに感謝を伝える」に変えるために思いきって「全員で発表する」という形を捨てるのも一つの手です。例えば，全員で一緒に感謝を伝えるのではなく，一人一人がかかわりの深かった縦割り班で集まって話をする時間をとります。６年生は思い思いの方法で在校生に感謝を伝えます。一人一人に手紙を書くのもいいでしょう。思いを言葉にして伝えるのも素敵です。言葉を使わなくてもただただ握手をするだけでも感謝は伝わります。感謝の伝え方は人それぞれです。自分なりの感謝の伝え方を大切にすることができます。

★コロナ禍で生まれた素敵な時間

コロナ禍に一斉に体育館に集まることができず，やむを得ずに縦割り班の少人数で集まって各教室で６年生を送る会を行いました。大人数で集まる６年生を送る会ではつくることのできないあたたかい空気が流れていました。そこには相手の「顔」を見て感謝を伝える姿がありました。もちろん全員で集まる６年生を送る会も感動的でかけがえのない時間です。そのなかのたった５分間でもいいのです。相手の「顔」を見て「ありがとう」を伝える時間をつくりましょう。６年生，在校生両方にとってより一層心に残る送る会にすることができますよ。

〈成功に導くポイント〉

□担当の先生には必ず相談をする

発表という形を変えるときには，必ず６年生を送る会を担当している先生と相談をしましょう。場合によっては，縦割りのまま会を進行したり，縦割りで遊ぶ時間をとったりすることができるかもしれません。

□縦割り活動が活発であることを大前提とする

相手の顔を思い浮かべるといっても，縦割りの関係が希薄ならとてもかないません。ここまでにどれだけ縦割り活動を通して関係を築くことができているのかを冷静に見極めて取り組みましょう。

3月

今月の見通し

思い出に残る最後の授業

村田　祐樹

今月の見通し

学校行事	家庭との連携
・卒業式…六年間の集大成 ・離任式…卒業生としての姿を見せる	・卒業式に向けて…様々なかかわり方を認める ・学級通信…感謝を伝える
学年・学級	**他**
・学年・学級じまい…終わりよければ… ・最後の授業…最高の思い出づくり	・卒業アルバム配付…思い出を形に ・卒業後の過ごし方…中学校への準備期間

この時期の６年生は，日常の一つ一つのことにも「最後」という実感が湧いてきます。最後の委員会，最後のクラブ，最後の○○。様々な最後のなかでも「最後の授業」は子どもたちの記憶に残る特別なものにしたいです。ここでは最後の…と言いましたが，どうしても取り組んでいただきたい実践を二つ紹介させてください。

★ 心も体も解放する「未成年の主張」

卒業を直前にした今の思いを友達と伝え合う実践です。教室や体育館で輪になって，思い出や感謝を友達に伝えます。おすすめは屋上です。青空の下，心も体も解放されるのか，子どもたちは素直な思いを口々に発します。

六年間の思いを口にする子，友達への感謝を口にする子，中学校への期待を口にする子。子どもたちは様々な思いをもって今を過ごしていることがわかります。なかでも印象に残っているやり取りです。

子どもA「私は3年生のときに，いじめられていました。」
みんな　「だれに～？」
子どもA「お前だ～」

もちろんすべての子どもがこんなに前向きになり，辛かった過去をみんなの前で話せるようになるとは限りません。当時，担任していた私もこの発言にはすごく驚いたことを覚えています。卒業前の特別な時期に，屋上という特別な場所が彼女の背中を押したのかもしれません。

成長を実感する「１年生の授業」

１年生の先生に相談して，１年生の教室を貸してもらいます。教室に入ると子どもたちは「懐かしい」「机が小さくてかわいい」「ロッカーってこんなに低かったっけ？」などとつぶやきます。教室を懐かしむのと同時に，棚や机，椅子の低さに驚き，自分の体の成長を実感することができます。

教材も１年生の教材を使います。私は多くの教科書で採用されている「おおきなかぶ」を採用しました。１年生にはあれだけ苦労した学習内容も今では簡単なはずです。１年生になりきってわざとゆっくり音読したり，ひらがなを中心に板書したりして簡単な活動に楽しんで取り組みます。笑いながらも成長を実感する不思議な空気になっていきます。

活動が一段落したところで，少し高度な発問をします。例えば「物語の主題は？」「もしもおじいさんがネズミから呼びに行っていたら？」「かぶが抜けた後，どんな展開になったかな？」など６年生でも即答が難しい発問を選びます。ここまで，簡単だとにこやかに取り組んでいた子どもたちも教材の見え方が変わってきて，急に真剣な顔になるはずです。

１年生の教室での授業を通して，心身ともに成長を実感することができます。

子どもたちの願いを叶える

紹介した二つの実践はどちらも子どもたちの願いから生まれたものです。まずは子どもたちに「最後の授業でどんなことをしてみたい？」と聞いてみましょう。子どもたちにも思いや願いがあるはずです。いつもなら叶わない願いでも，卒業前のこの時期だから叶えてあげられることもあります。「最後の授業だから何かを伝えなくては」と教師が張り切るのではなく，子どもたちと一緒に素敵な思い出をつくってみましょう。

3月

お話

想いを育む卒業式前日のお話

準備について伝えることで「自分たちのために」多くの方が祝ってくれていることに感謝の気持ちをもてるようになってほしいと願って語るお話。

塚野　駿平

小学校生活最後の１か月に…～子どもの「想い」を大切に～

卒業式練習の多くは，証書の受け取り方，歩き方や座り方などの作法，歌や呼びかけの言葉などに時間が割かれます。５年生時に卒業式に参列している場合でも，送る側の立場と送られる側の立場では練習の量や方法が違います。５年生時に卒業式に参列していない場合は，式自体のイメージをつかんでいない子もいるでしょう。

一方的に教え込み，与えられたものをこなしていく卒業式ではいけません。小学校生活の集大成が卒業式だからです。まずは，教師自身がその自覚をもちましょう。子どもたちの「想い」が見えるような卒業式をつくっていくために，具体的な内容を共有します。

そのなかでも，「多くの人の準備のおかげ」のお話が欠かせません。

①今年度の卒業式に，これまでの卒業式のふり返りを生かしていること
②卒業証書を作るために多くの目と手が加わっていること
③学年の先生以外にもたくさんの先生方に協力してもらっていること
④卒業式当日の会場設置を，下級生がしてくれていること　など

たくさんの人たちが，たった数時間の卒業式のために本気になって準備をします。その具体について語りましょう。６年生のこの時期なら，多くの子どもが理解できます。

子どもたちは，「そんなことまでしているの!?」と驚くことでしょう。子どもだけでは気づきにくい世界にスポットライトを当てるのは教師の役割です。卒業証書のレプリカや昨年度の写真などを用意できるようであれば，子どもたちと一緒に見ましょう。

「自分たちのために」という，たくさんの人の「想い」に触れるきっかけとなります。

お話～多くの人の準備のおかげ～

卒業式は，小学校で最も大きな学校行事です。多くの方の準備なくして，当日を迎えることはできません。

例えば，昨年度の先輩方です。卒業式をはじめとした学校行事は，その直後に必ずふり返りを行います。よかったことは続け，改善した方がよいことは改め，昨年度よりももっとよいものになるように計画を立てます。卒業式も，毎年よりよい式を更新してきました。１年生のときに優しくお世話をしてくれたあの６年生など，これまでにこの小学校を卒業したすべての先輩方のおかげで，私たちは卒業式を迎えます。

これは何でしょう？　その通り，卒業証書です。これは過去のものですが，ここに一人一人の名前が刻まれる予定です。この卒業証書を作るのにも多くの人の目や手が加わっていることを想像できますか？　そして，ここに刻まれる名前を授け，今日まで育んでくれている方がいます。そうです，おうちの方です。

６年生の先生以外にもたくさんの先生方の協力をもらっています。呼びかけの言葉をつくったり，合唱用の歌を選んだりするなどです。私たちのことを，すべての先生方が全力で応援してくれています。

そして，この写真を見てください。懐かしいですね。これは昨年度，５年生のときに卒業式の会場準備をする写真です。昨年のみなさんのように，５年生を中心に下級生が卒業式の会場設営をしてくれます。すべては，卒業式という晴れ舞台のためです。

このように，私たちを支え続けてくれている方々がいます。かかわってくれた人たちが費やした時間は，「私たちを祝うため」だったのです。卒業式で堂々と歩く姿，卒業証書を受け取る瞬間を誰もが楽しみにしています。動きのミスや歌い間違えなどは，大きな問題ではありません。卒業式にどんな「想い」で参加するかが大切だと私は考えています。

さあ，どんな卒業式にしたいですか？

私たちによる，私たちのための卒業式です。全員の力を合わせて，「過去最高の卒業式」にしましょう。

3月 最後の学級通信はみんなへの「お手紙」

塚野　駿平

最後の学級通信はスペシャルなものに

子どもの成長を願って発行してきた学級通信。最終号は，一年間担任した子どもたちへの最後のメッセージです。私は，一人一人にお手紙を出すような気持ちで原稿をつくっています。一人一人へお手紙を書くのもいいですが，卒業担任はそれ以外にもやることがたくさんあります。隣の学級とのバランスもあります。全員同じ内容の学級通信を書くことをおすすめします。

内容は，①今までの思い出と②みんなへの願いが中心になります。

何度も推敲し，学年の先生や管理職にもチェックをお願いして内容を決定しましょう。

さらに，スペシャル感を演出するためにも，直筆で書くことを強くおすすめします。次のページは，実際に私が発行した学級通信です。

意識したのは，そのときの感情をそのまま書き出すということです。

学級通信なので言葉を選ぶ必要はありますが，一年間担任した子どもたちへの最後のお手紙です。「出逢ってくれてありがとう。あなたに出逢えた私は幸せです」という気持ちが届くようにていねいに書いていきましょう。

〈スペシャル感を出すポイント〉

□日常的に学級通信を出していない学級でもやってみる

普段学級通信を発行していなくても，「卒業特別号」という名目があります。月ごとの思い出に写真と担任の願いを付け加えるだけでも OK です。「いい言葉を贈ろう」とハードルを上げず，感謝のお手紙を書く気持ちで内容を決めるとよいです。

束の間

「少しの間」という意味です。
先生からのメッセージをみなさんにお伝えします。

R5. 3. 20 （月）
6年3組学級だより
卒業記念　最終号

卒業までのカウントダウンも進んでいたある日、学級のとある子からこんなことを言われました。「私、学級だよりの『束の間』全てファイルにとってありますよ。」私は平然と「すごーい」と答えたのですが、すごく嬉しかったのを覚えています。また、3月の学級懇談の後、ある保護者の方から「私がファイリングしているんです。中学校に上がっても読み返させようと思っているんです。」とおっしゃっていただきました。お家の方も大事にとっておこうとしてくださっていることに嬉しく思いました。私が大切だと思っていることや大切にしてほしいこと、良い姿だと感じたことや学級の課題として気になっていることを「束の間」を通して伝えてきました。いつかみなさんが小学校時代を振り返る時がきたら、この「束の間」が何かの手助けになればいいな、という想いで書いてきたので、いつか誰かの何かの役に立てれば一年間書いてきた意味が生まれると思っています。そんなおたよりも、これが最終号となりました。

みなさんには、たくさんの“ありがとう”があります。4月、みなさんにどんな顔をして会おうかすごく悩んでいた私を受け入れてくれてありがとう。学校のことが全然分からない私にたくさんのことを教えてくれてありがとう。たくさん話しかけてくれてありがとう。優しい気持ちをもって接してくれてありがとう。「まだまだダメだ」という私の謙に応えてくれてありがとう。新潟小学校のリーダーとして、全校の顔でいてくれてありがとう。毎日教室に来てくれて、6年3組になってくれて、出会ってくれてありがとう。本当に心からありがとうございました。感謝しています。

このメンバーでたくさんのことを共に経験してきましたね。大きな行事も、日々の授業も、遊んだり話したり笑ったり…学級遊びも本当にたくさんやりました。脱線しすぎて何の授業だか分からなくなったときもありました（笑）。それから、たくさん話し合ってきました。国語の時間も、道徳の時間も、学級の課題についても。何時間話しても解決策を見つけられず、次の日に持ち越したこともありましたね。それからそれから、あんなに手際のよい調理実習初めて見ました。てきぱき仕事をするみなさんの姿、絶対に忘れません。3月になって始めた卒業プロジェクト、楽しかったなあ…この楽しい時間が続けばいいのに、と何度も思いました。それから…ああ、本当にあげればキリがないほど思い出がたくさんある一年間でした。

みなさんの生活は、インターネットの発達によって、便利であふれるようになりました。正解がすぐに検索できるようになりました。でも、これだけは知っておいてほしい。インターネットにコロナウイルスの倒し方なんて書いてありません。みんなで黒板アートをしたりダンスを踊ったりしたときの達成感なんて教えてくれません。悩んだり共感したり腹が立ったりお腹を抱えるほど笑ったり…みなさんが仲間と過ごした小学校生活は、それほど尊いものでした。インターネットはたしかに便利な世界だけど、でも、人生は絶対にそれだけじゃないんです。

だから、どうか、たくさんのことを経験し、学び、分からないことにも耳を傾け、隣にいる人と手を取り合いながら生きていってください。大丈夫です。みなさんはたくさんの人から愛されているし、これからも愛され続けます。少しもらいすぎたな、と思ったときには周りの人に幸せを分けてあげてください。

みなさんと一緒にたくさんのことを経験できて本当に良かったです。最高の200日でした。ここにいる一人一人の未来に幸せが待っていることを願っています。ずっと応援しています。

さあ、お別れの時です。みなさんの担任になれて幸せでした。ありがとう。卒業おめでとう。

2023. 3. 20
6年3組担任　塚野　駿平

3月 最高のラスト・卒業式＆学級じまい

塚野　駿平

卒業式は特別な行事

六年間の小学校生活を終える卒業式は，子どもたちにとっても，担任にとっても特別な一日です。心動かされる瞬間がいくつもあります。しっかり準備をして卒業式当日に臨みましょう。

卒業式に向けた準備

❶ 呼名の練習

一人一人の名前を呼ぶ最後のチャンスになります。卒業式当日，名簿を片手に持っていても，その子の顔を見て名前を呼びましょう。そのためにも，一年間でその子とどんな思い出があったのかをふり返りながら，名前を呼ぶ練習をします。

❷ 最後の学級活動で流す動画準備＆話す内容の原稿づくり

今まで撮りためていた写真をスライドショー形式で動画にします。気合いが入りがちですが，細かい技術にこだわる必要はありません。普段の様子や楽しい表情が伝わるように，子どもたちと写真を選ぶのもよいです。六年分の写真をダイジェストで入れるのもおすすめです。私は，写真を３秒間隔で流れるようにし，BGM「オワリはじまり（かりゆし58）」（作詞・作曲：前川真悟，編曲：久保田光太郎）をつけるだけです。サビの問いかけの連続は卒業にぴったりで，感動間違いなしです。

❸ 卒業式当日の黒板づくり

卒業式当日の黒板を作成します。プロジェクター投影などを使って黒板アートをするもよし，熱いメッセージを書き記すもよし，写真などで華やかに彩ってもよしです。前日に子どもたち自身の手で描くのも，素敵な思い出になります。保護者は当日いろいろな風景をカメラに収めます。後から見返したときにも思い出に残る黒板にできるとよいですね。

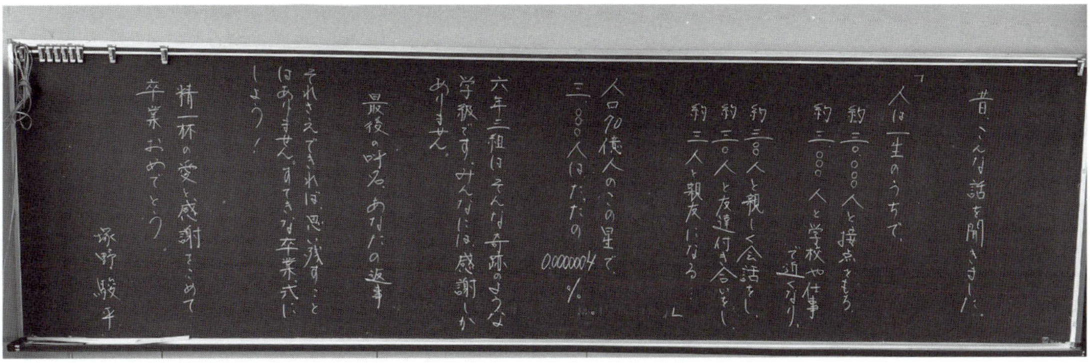

❹ 最後の学級通信作成

詳しくは前項をご覧ください。当日その場で感じたことを伝えるのもありですが，卒業式を含め，時間通りに進むとは限りません。学級通信に思いをしたためておくと安心です。

★ 担任からの最後のメッセージ

最後はしっかり子どもたちの顔を見ながらメッセージを伝えます。

私は毎回，次のような内容を伝えるようにしています。

> 一年間を共に過ごしたこのクラスは，本当に最高だったと私は思う。みんなのなかにもそう思っている人がたくさんいてくれたら嬉しいな。今日は，そんな風に「６年○組最高だったな」って思い出に浸ってほしい。でもね，来年の今ぐらいの時期には，同じように「今年のクラス最高だったな」って思っていてほしい。それは来年も，再来年も，大人になってからも同じで，「ふり返るといろいろあったけれど，今この瞬間が一番最高だな」って思えるような生き方をしてほしい。

大切なのは，心からの言葉で願いや思いを伝えることです。この機会が本当に最後のチャンスです。ありったけの願いを子どもたちに伝えましょう。きっと，多くの子がその願いを受け取ってくれるはずです。最後は握手やハイタッチをしてお別れします。

私は卒業式の雰囲気だけで泣けるような人間なので，毎年子どもたちの前でも号泣しています。しかし，無理に泣こうと思う必要はありません。卒業式といえど，学級や担任ごとのカラーがあってよいはずです。さわやかに笑顔でお別れするのも素敵ですね。

子どもたちとの最後の時間を存分に味わいましょう。小学校で働く教員として最大限の喜びを感じられる瞬間になるはずです。

国語

学習の要所と指導スキル

樋口　綾香

学習内容例

月	学習内容例
4月	●視点や作品の構成に着目して読み，印象に残ったことを伝え合う（「帰り道」）。 ●人物の心情の変化を確かめながら読み，捉えたことが聞き手に伝わるように朗読する（「さなぎたちの教室」他）。
5月	●インタビューを通して必要な情報を集め，自分の考えを深める。 ●主張と事例の関係を捉え，自分の考えを伝え合う。要旨を捉える。
6月	●表現を工夫して短歌をつくり，読み合う。 ●調べた情報を整理して伝える方法を知る。
7月	●構成を考えて，提案する文章を書く（「デジタル機器と私たち」「いざというときのために」他）。 ●読書に親しみ，読書が自分の考えを広げるために役立つことに気づく。
9月	●目的に応じて，文章と図表などを結びつけるなどして必要な情報を見つける。 ●比喩や反復などの表現の工夫に気づき，世界を想像しながら読む（「やまなし」「模型のまち」他）。
10月	●互いの立場や意図を明確にしながら計画的に話し合い，考えを広げたりまとめたりする（「みんなで楽しく過ごすために」他）。
11月	●目的や意図に応じて自分の考えが伝わるように書き表し方を工夫する（「『鳥獣戯画』を読む」「発見，日本文化のみりょく」他）。
12月	●文章を読んで考えたことを自分の生活や読書経験と結びつけてまとめ，語り合う（「ぼくのブック・ウーマン」他）。 ●相手や目的を明確にして，推薦する文章を書く。
1月	●筆者の考えを読み取り，テーマについて考えを述べ合う（「『考える』とは」「宇宙への思い」他）。
2月	●書き表し方を工夫して，経験と考えを伝える。 ●資料を使って，魅力的なスピーチをする。
3月	●人物の生き方について考え，物語や伝記が自分に強く語りかけてきたことを伝え合う（「海の命」「津田梅子―未来をきりひらく『人』への思い」他）。

身につけたい力

国語で使われる学習用語は５年生までにほとんど習い終えています。そのため，６年生で身につけたい力は二つあります。一つ目は，確かな国語力，二つ目は，伝え合う力，です。

❶ 確かな国語力

確かな国語力を身につけるためには，**国語の学習用語を使いこなすこと**を目指します。光村図書は「学習に用いる言葉」，東京書籍は「学習で使う言葉」，教育出版は「学ぶときに使う言葉」として教科書の巻末に掲載されています。右図は，光村図書の６年生の教科書に掲載されている六年間で学ぶ41語です。言葉の意味は，教科書サイトでも確認できるので，子どもたちがきちんと覚えているかを確認し，意識的に授業のなかで使うようにします。

学習用語を使えば，子どもたちの意見交流は活発になります。また，学習の積み重ねが実感できるので，中学校でも言葉の知識を生かして国語を楽しむことができるでしょう。

［六年間で学んだ言葉］

・あらすじ	・引用	・会話文
・地の文	・箇条書き	・語り手
・議題	・キャッチコピー	
・構成	・根拠	・索引
・作者	・司会	・質問
・視点	・取材	・主張
・出典	・情景	・事例
・心情	・人物像	・推敲
・設定	・対比	・題名
・段落	・問い	・登場人物
・場面	・筆者	・見出し
・メモ	・訳者	・山場
・要旨	・要点	・要約
・連	・話題	・割り付け

❷ 伝え合う力

国語は，言葉がもつよさを認識して言語感覚を育み，人とのかかわりのなかで伝え合う力を高め，思考力，想像力を養う教科です。決して一人では，言語感覚は磨かれていきません。他者と言葉を交わす，他者を意識して表現する，他者の言語感覚に触れる，このような営みによって，少しずつ言葉は豊かになっていくのです。高学年になると，中学年までに習得した**話す力・聞く力・書く力・読む力を生かした伝え合う力**を身につけることが求められます。

右図のように，話し合う力は六年間を通して段階的に難易度が上がっています。高学年では，二つの立場から意見を述べ合うことや，立場の違いを明確にして計画的に話し合うことなどが目標とされてい

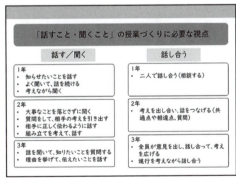

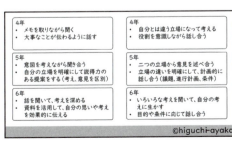

「話すこと・聞くこと」の授業づくりに必要な視点

話す／聞く	話し合う
1年 ・知らせたいことを話す ・よく聞いて，話を続ける ・考えながら聞く	1年 ・二人で話し合う（相談する）
2年 ・大事なことを落とさずに聞く ・質問をして，相手の考えを引き出す ・相手に正しく伝わるように話す ・組み立てを考えて，話す	2年 ・考えを出し合い，話をつなげる（共通点や相違点，質問）
3年 ・話を聞いて，知りたいことを質問する ・理由を挙げて，伝えたいことを話す	3年 ・全員が意見を出し，話し合って，考えを広げる ・進行を考えながら話し合う
4年 ・メモを取りながら聞く ・大事なことが伝わるように話す	4年 ・自分とは違う立場になって考える ・役割を意識しながら話し合う
5年 ・意図を考えながら聞き合う ・自分の立場を明確にして説得力のある提案をする（考え，意見を区別）	5年 ・二つの立場から意見を述べ合う ・立場の違いを明確にして，計画的に話し合う（議題，進行計画，条件）
6年 ・話を聞いて，考えを深める ・資料を活用して，自分の思いや考えを効果的に伝える	6年 ・いろいろな考えを聞いて，自分の考えに生かす ・目的や条件に応じて話し合う

ます。特に，資料を使って情報を整理しながら話すことや，考えや意見を区別して話すことが重要です。

国語の「共有」の時間には，ペアやグループで話し合う際，司会や書記などの役割を決めて話し合うことが効果的です。また，議題について多面的・多角的に考えていくために，ICT やシンキングツールを活用して情報を整理したり相手の立場で考えたりすることを積極的に促すとよいでしょう。

教材と学習者を結びつける

国語は，コンテンツ（教材）ベースの授業から脱却し，コンピテンシー（資質・能力）ベースの授業をつくっていくために，子どもたちの生活やこれまでの経験，社会と教材がどうつながっているのかを考えて問いや課題意識を見出せるようにします。そして，学習用語も確認して知識を構造化していきます。

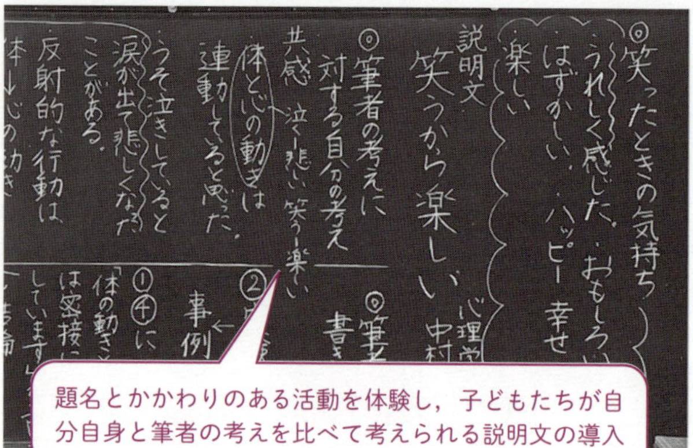

題名とかかわりのある活動を体験し，子どもたちが自分自身と筆者の考えを比べて考えられる説明文の導入

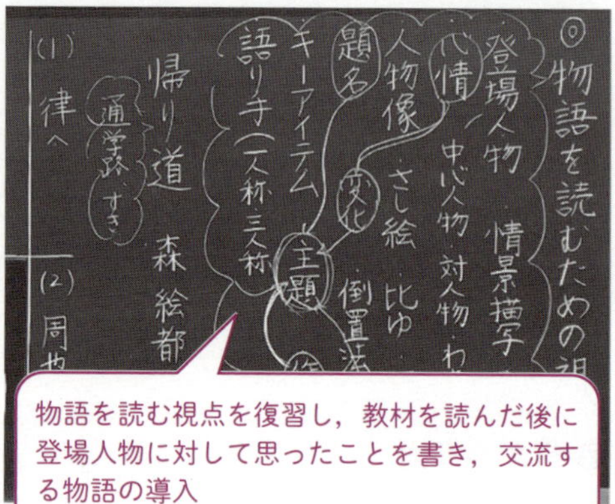

物語を読む視点を復習し，教材を読んだ後に登場人物に対して思ったことを書き，交流する物語の導入

問いを吟味して読みどころを明確にする

６年生の各単元の時数は他の学年と比べて短いです。短時間で長文の教材を読み解こうとすると，読みどころを明確にしておく必要があります。

問いを立てる際には，どの言葉や観点に着目して教材を読んでいけばよいかを考えます。一人一人が問いをもてるように，子どもたちが意見を出し合って読みが深まるような問いを見出す時間をつくります。

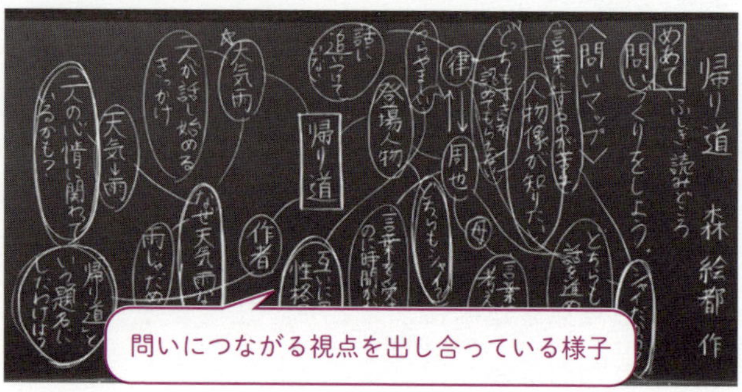

問いにつながる視点を出し合っている様子

授業者はファシリテーターであり，助言・評価者となる

子どもたちのもつ授業者像を「知識を授けてくれる人」「正しい答えを教えてくれる人」ではなく，**「自分たちの学習を支援してくれる人」**に変えることが大切です。「答え」や「まとめ」を子どもたちに示すのではなく，考えや問いの変容を問うようにすると，学習の過程に価値を見出し，自己調整を図る子どもたちが育っていきます。

言語活動を探究的な課題に設定する

言語活動とは，探究的な課題のもと，言語能力だけでなく，言葉による見方・考え方を働かせて取り組む問題解決的な課題にすることが大切です。子どもの実生活と切り離された課題ではなく，同じクラスの仲間，同じ学年，学校，教職員，家族，地域，社会を巻き込んで，子どもたちが協働的に学びたいと思える探究的な学習課題を設定するようにしましょう。

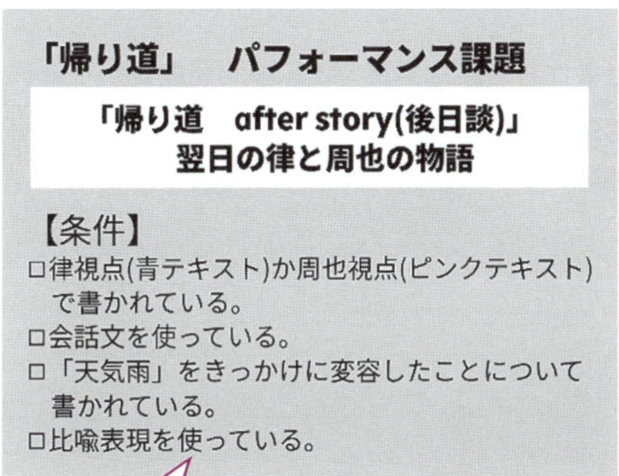

物語の授業のパフォーマンス課題の例

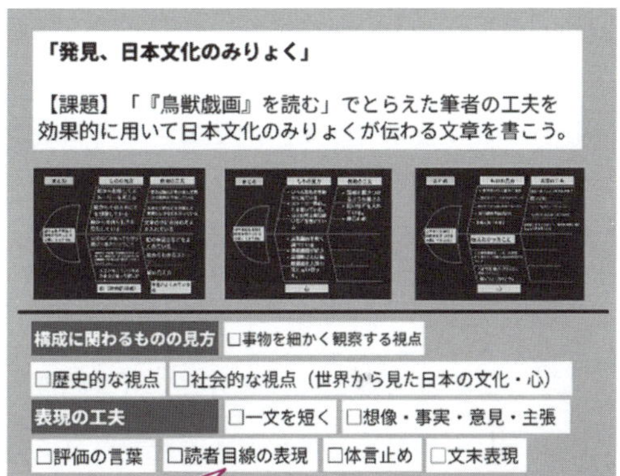

書くことの授業のパフォーマンス課題の例

ふり返りで自ら学ぶ力を高める

自分の学び方がうまくいっているか，疑問は解決されたか，新たな疑問は生まれたか，考えは深まったか，といった視点でふり返ると，自ら学ぶ力を育む学習サイクルが回り出します。

自ら学ぶ力は，子ども任せの授業では育ちません。授業者がいかに教材研究をして準備をするか，子どもたちの学習進度を把握して見取るか，適切な助言や評価をできているかということを考え続けます。また，教科に閉じない学びにすることも重要です。ふり返りのなかで生まれた新たな疑問や考えたいことが他教科の領域であることも考えられます。その場合は，教科横断的に授業をつくったり，自学として取り組むことを勧めたりすることで，さらに自ら学ぶ力が高まっていくでしょう。

社会

学習の要所と指導スキル

紺野　悟

学習内容例

月	学習内容例
4月	**1「わたしたちの生活と政治」オリエンテーション（1時間）** 1—①わたしたちのくらしと日本国憲法（7時間）
5月	1—②国の政治のしくみと選挙（4時間） 1—③願いを実現する政治（5時間）＊社会保障・自然災害・地域の開発などから選択
6月	**2「日本の歴史」オリエンテーション（2時間）** 2—①縄文のむらから古墳のくにへ（7時間）
7月	2—②天皇中心の国づくり（6時間） 2—③貴族のくらし（3時間）〈文化〉
9月	2—④武士の世の中（6時間） 2—⑤今に伝わる室町文化（3時間）〈文化〉
10月	2—⑥戦国の世から天下統一へ（6時間） 2—⑦江戸幕府と政治の安定（6時間）
11月	2—⑧町人文化と新しい学問（5時間）〈文化〉 2—⑨明治の国づくりを進めた人々（7時間）
12月	2—⑩世界に歩み出した日本（6時間） 2—⑪長く続いた戦争と人々のくらし（8時間）
1月	2—⑫新しい日本，平和な日本へ（7時間） **3「世界の中の日本」【国際】オリエンテーション（1時間）**
2月	3—①日本とつながりが深い国々（7時間） ● 世界の中で日本と経済や文化の面でつながりが深い国々の生活を調べる。
3月	3—②世界の未来と日本の役割（6時間） 6年社会科まとめ／4年間社会科のまとめ（2時間）

身につけたい力

一言でいえば，社会科は**見えないものが見えるようになる**教科です。知らなかったことが知れる，わからなかったことがわかるとも言い換えることができます。例えば，あなたの学校の帰り道に田んぼがあったとします。いつも変わらない景色なので，田んぼがある程度にしか思いません。ある日，学校で農業生産（米作り）の学習をしました。学習していくなかで，米作りは多くの工程が行われていること，多くの努力と苦労を重ねて米ができあがっていること，もし自然災害が起きたら収穫できなくなる可能性があることを学習します。その日の帰り道，田んぼの横を通っていると，なんかいつもと違う景色に見えてくる…。さらに米作りに参加してみる，米粒を残さないで食べてみる，米を炊いてみるなど自分なりの考えのもとに生活に影響を及ぼすこともあります。上図のように，見えないものが見えることで，思考が促されていくのです。そして時には行動を促すこともあります。この変化こそ，社会科の醍醐味です。

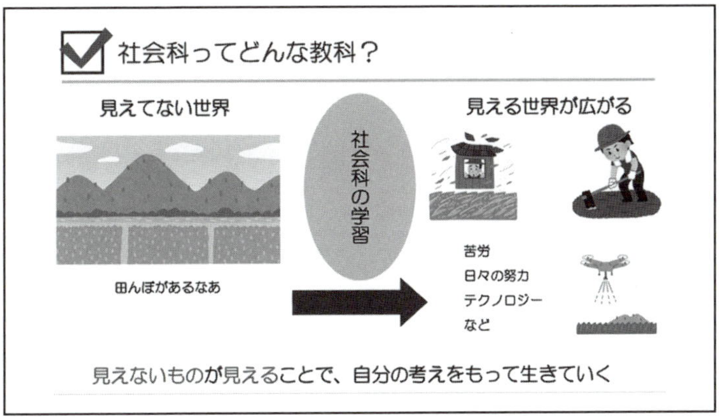

６年生では政治，歴史，国際を扱います。日本国憲法を読んでどう思うか。歴史的な事象を理解したうえでそんな時代をどう思うか。日本と外国の様子を比較して，日本はどういう国だといえるのか。このように，**「見えないものが見えることで，自分の考えをもつ」**こと，これが６年生社会科で身につけたい力です。

社会科の系統性を理解する

６年生の指導のポイントを挙げる前に，小学校社会科四年間で何を学習するのか確認しておきましょう。学習指導要領解説社会編（平成29年告示）によれば，第２章第２節「社会科の内容構成」にこのように記されています。

> 社会科の内容については，第３学年においては市を中心とする地域社会に関する内容を，第４学年においては県を中心とする地域社会に関する内容を，第５学年においては我が国の国土と産業に関する内容を，第６学年においては我が国の政治と歴史，国際理解に関する内容を，それぞれ取り上げている。これらは，中学校で学ぶ内容との関連を考慮し，①地理的環境と人々の生活，②歴史と人々の生活，③現代社会の仕組みや働きと人々の生活

に区分して捉えることができる。

この記述をもとに縦軸に学年，横軸に区分を配置し，表にまとめてみると以下のように分類することができます。なお単元名は簡略化した形で記載しています。

歴史を例に見てみましょう。３年生では，「市の移り変わり」，４年生では，「伝統や文化」，「先人の働き」，６年生では「日本の歴史」を学習します。５年生では，「歴史と人々の生活」に分類される単元はありません。しかし，食料生産，工業生産の学習の歴史的な背景やグラフで工業製品の種類の変化などを学習するので，歴史的な見方は必要です。このように，社会科を学習し始める３年生から徐々に範囲を広げながら系統的に単元が配列されていることがわかります。つまり，前の学年の学習を生かしながら，または６年生で学習した内容を前の学年の学習内容に結びつけるようにできたら，豊かな学習ができるのではないかと考えられます。

社会科の系統性

	地理的環境と人々の生活	歴史と人々の生活	現代社会の仕組みや働きと人々の生活
3年	(1)地域や市町村の様子	(4)市の移り変わり	(2)生産や販売の仕事 (3)安全を守る働き
4年	(1)都道府県の様子 (5)特色ある地域の様子	(4)伝統や文化、先人の働き	(2)生活を支える事業 (3)自然災害から人々を守る活動
5年	(1)国土の様子と国民生活 (5)自然環境と国民生活		(2)食料生産（農業・水産業） (3)工業生産　(4)産業と情報
6年		(2)日本の歴史	(1)政治の働き (3)世界と日本の役割

系統性を授業に生かす

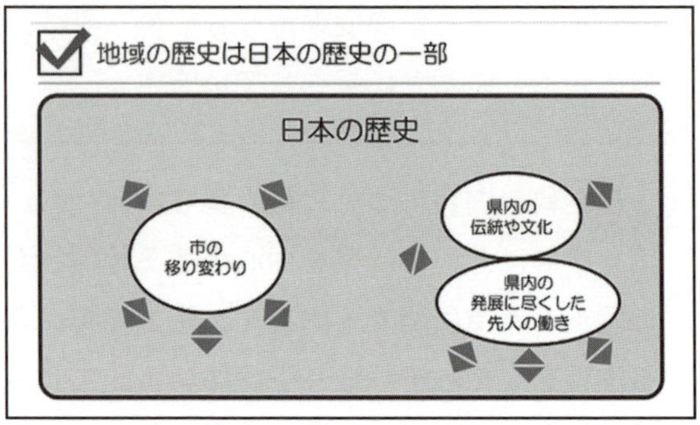

６年生で学習する「日本の歴史」は，これまで３，４年生で学習した内容も含めたものです（右図）。だからこそ，つながりがあることを生かし，地域の歴史と日本の歴史を往還しながら進めることで，歴史を身近に感じることができたり，少し知っているということが苦手意識を軽減できたりします。

例えば，３年生「市の移り変わり」では，

昭和時代の家電や生活の様子を学習します。右のような資料が各地域の副読本に掲載されていることでしょう。そこで，この資料とほぼ同じ時代の資料を６年生の教科書や資料集から探します。すると，日本全体と地域の様子のつながりが見えてきます。他にも，このようなことができます。

- 「日本とつながりが深い国々」で日本と他国の食料生産，工業生産を比較してみる。
- 政治の役割，３～５年で学習した様々な仕事の役割を表にまとめる。

資料を見てわかること／資料から考えられること

社会科の学習では資料（写真，絵，イラスト，図，表，グラフ）が重要です。資料を通して見えないものを見えるようにしていきます。

例えば右の資料を出された際に，「見てわかること」を出していきます。簡単なところでは，道路，木，桜…と意見が出てきます。もっと突き詰めていくと，１車線の道路，高速道路，桜が１本，など気づけるようになります。つまり，どんな町かを考えていくことができます。このように，資料から見てわかること／資料から考えられることを基本の学習過程にして繰り返すことで，１枚の資料から様々な気づきが生まれてくるのではないでしょうか。特に歴史は好きな児童も多いですが，資料から見出す過程は歴史好きな子にとって歴史の見方の学習になり，苦手な子にとっても見ればわかることという低いハードルを要することが可能です。

どの学年でも，どんな授業形態（「学び合い」「自由進度学習」「タブレット端末の使用」）でも大事なことは変わりません。**社会科の授業を通して見えないものが見えるようになること**です。そして，**見えることによって自分自身の考えがもて，交流や議論へ参加していくことができます。それこそが主体的に生きる公民としての資質・能力の基礎**です。

【参考文献】

- 阿部隆幸・紺野悟・海老澤成佳著『全単元・全時間の流れが一目でわかる！　社会科６年　365日の板書型指導案』明治図書
- 宗實直樹著『宗實直樹の社会科授業デザイン』東洋館出版社
- 文部科学省「小学校学習指導要領（平成29年告示）解説　社会編」

算数

学習の要所と指導スキル

芳賀　雄大

学習内容例

月	学習内容例
4月	●対称な図形「つりあいのとれた形の分類や性質を考えよう」 ●文字と式「文字を使って数量や，関係を式に表そう」
5月	●分数×整数　分数÷整数「計算の意味や方法を考えよう」 ●分数×分数「分数どうしのかけ算の意味や方法を考えよう」
6月	●分数÷分数「分数どうしのわり算の意味や方法を考えよう」 ●分数の倍「分数を使った倍の関係や計算の仕方を考えよう」
7月	●比と比の値「割合の表し方と利用の仕方を考えよう」
9月	●拡大図と縮図「同じに見える形や性質，かき方を考えよう」 ●資料の整理「データを代表する値やちらばりを考えよう」
10月	●円の面積「円の面積の求め方を考えよう」 ●角柱と円柱の体積「立体の体積の求め方や公式を考えよう」
11月	●およその面積と体積「およその面積や体積のみなし方を考えよう」 ●比例と反比例「２量の変化や対応の特徴や利用の仕方を考えよう」
12月	●並べ方と組み合わせ方「落ちや重なりのないように確かめ方を考えよう」
1月	●６年間のしあげ「６年間の算数の復習をしよう」
2月	●６年間のしあげ「６年間の算数の復習をしよう」
3月	●算数卒業旅行「中学校数学へ向けて準備をしよう」

身につけたい力

６年生の算数で，重要視したいことは中学校数学への接続です。ｘやｙ等の「文字」を扱っていることがわかりやすい例です。「今年の算数は，来年の中学校の数学の学習につながるぞ」という意識を子どもがもち，以下の中核となる力を身につけるように授業をつくります。

～算数で身につけたい力～
①分数の意味や計算を使う力
②根拠をもって式変形する力
③比・比例の考えを使う力

以上の三つの力を，子ども自ら発揮できるような指導のポイントを紹介していきます。

分数の意味や計算を使える力を育てよう！

６年生の算数の代表格は「分数の計算」です。ここでは「×分数・分数倍」を算数の計算指導のゴールと捉えると同時に，数学で分数をよりよく扱うスタートと捉えていきます。６年算数の年間の計画を見ると，「比の値」，「拡大図・縮図」，「比例・反比例」等は，「×分数・分数倍」を既習として使い，問題解決に取り組むことが重要です。

❶「×分数・分数倍」の計算と意味を使えるように

「×分数・分数倍」の「ある数量を１と見たときに，もう一方を$\frac{\bullet}{\blacktriangle}$と見る」という意味を繰り返し共有します。このとき１を$\frac{\blacktriangle}{\blacktriangle}$に置き換えると量感を捉えやすいです。

❷「比・比の値」で使う

比の学習の前に，「分数のかけ算・わり算」が位置づくのは，比の値を分数で表すためです。例えば，コーヒー：牛乳の２：３の比の値は，$\frac{2}{3}$になります。

課題　：「２：３と４：６は等しいのはなぜかな」

ここで$\frac{2}{3}$倍の意味を使えるようになれば，４：６の比の値も，６を１と見たときに，４が$\frac{2}{3}$にあたるから同じと解決できたり，×$\frac{2}{3}$の計算が使えれば，６×$\frac{2}{3}$＝４と計算で４：６の関係を確かめられたりします。今後の「拡大図・縮図」や「比例」で生きて働きます。

2	:	3	=	4	:	6
$\frac{2}{3}$		1		$\frac{2}{3}$		1

根拠をもって式変形する力を育てよう！

「半径×半径×3.14」という円の面積の求め方を子どもが創造する授業は誰もが目指すでしょう。円の求積公式を導くには，式の意味などの根拠をもって，式を変形することが重要です。そのような力も，中学校数学で文字式の処理や，因数分解などで生きて働きます。

❶「根拠をもって式変形する力」を使えるように

「分数×分数」や「分数÷分数」という新しい計算をつくり出す授業では，「$\times\frac{1}{4}$」という分子が１の場合（単位分数）を使うのがおすすめです。文章問題などで$200\times\frac{1}{4}$と立式した後，「分数をかける計算は習っていないから難しいなあ」と問いかければ，テープ図などを４等分という意味を根拠にしながら，３年生で学習した200÷４で答えを求めることができます。

４等分　➡　$\div 4$

４等分　➡　$\times\frac{1}{4}$

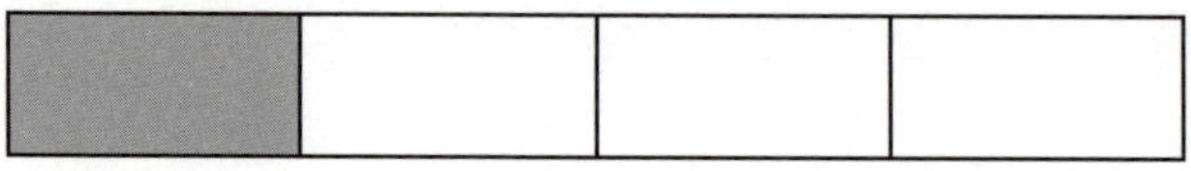

ここで「$200\times\frac{1}{4}=200\div 4$」という式の変形を押さえます。ここでのポイントは，「なぜ，$\times\frac{1}{4}$を÷４に変形できるの？」と問い，図に基づいてその理由を可視化することです。４等分という意味が式変形できる根拠です。根拠とセットで式を変形する習慣を子どもに育てていきます。そうすれば，$\times\frac{3}{4}$の計算も，４等分してそれを３つ分という意味で，÷４×３と式変形し，分子が１でない場合の「$\times\frac{3}{4}$」を自分でつくり出す学習が可能になり，その後の単元の学習においても，根拠をもって式を変形する学習が成立します。

❷「円の面積」や「角柱の体積」で使う

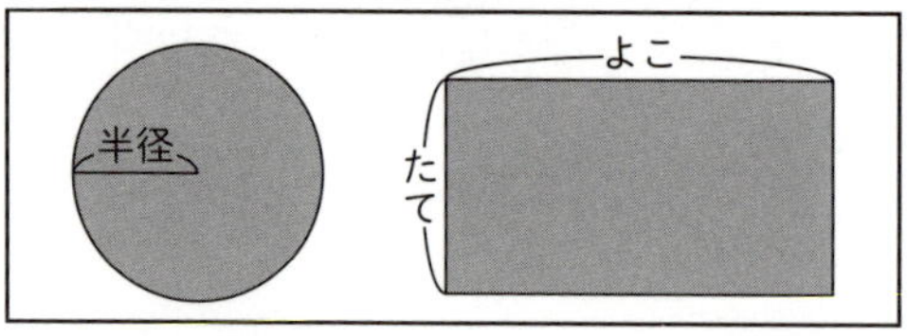

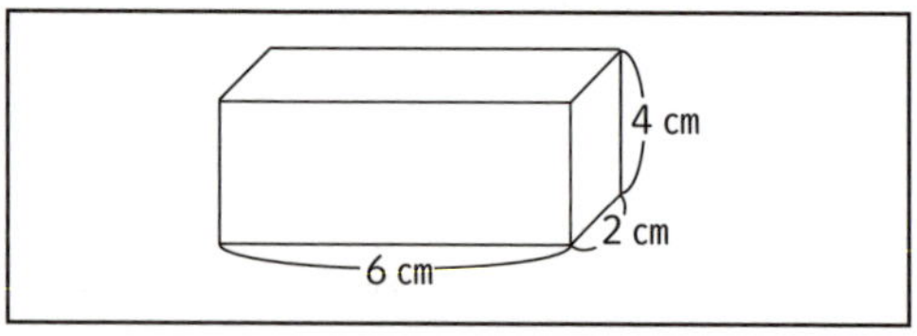

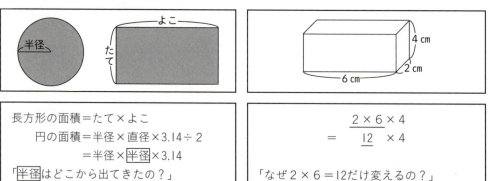

長方形の面積＝たて×よこ
円の面積＝半径×直径×3.14÷２
＝半径×半径×3.14
「半径はどこから出てきたの？」
C　直径÷２をするから。

$$=\underline{2\times 6}\times 4$$
$$=\underline{12}\times 4$$

「なぜ２×６＝12だけ変えるの？」
C　底面積が２×６で，公式に合う。

比・比例の考えを使う力を育てよう！

年間の学習内容例から，６年生で最も力を入れるべきが「比・比例の考え」とわかります。

❶比・比例の考えを使えるように

比の考えについては，分数で述べた通り，比の値が等しい＝比が等しいことが重要です。

比の考えと比例の考えは違います。比例の考え➡表の横の見方・比の考え➡表の縦の見方。

少し時間をかけてこの二つの考えを教材研究しておけば，この先ずっと６年生で，「比例，比，関数，表」を授業で扱う際に，本質を外すことはなくなります。

コーヒー（dl）	3	6	9	12
牛乳（dl）	1	2	3	4

比の考え（縦の見方）

比例の考え（横の見方）

❷「拡大図・縮図」「角柱・円柱の体積」で使う

子どもが比例の考えを使えれば，「拡大図・縮図」で，「対応する辺の長さが比例すれば『同じ形』をキープできる」や，「角柱の体積」で，「高さが１cmから５cmに５倍になるから，体積も底面積の５倍になる」と，すべて比例の考えで統合的に捉えることができます。

６年生こそ，「少なく覚えて，多くを学ぶ」算数を意識することが重要です。

❸６年生の算数の本質に迫る場面こそおもしろく！～実践例から～

コーヒー牛乳をＳ・Ｍ・Ｌサイズ作るとし，「Ｓサイズはコーヒー３dl，牛乳１dlとします。Ｍサイズを牛乳２dlにするとき，コーヒーは何dlにすべきか」と問題を出します。

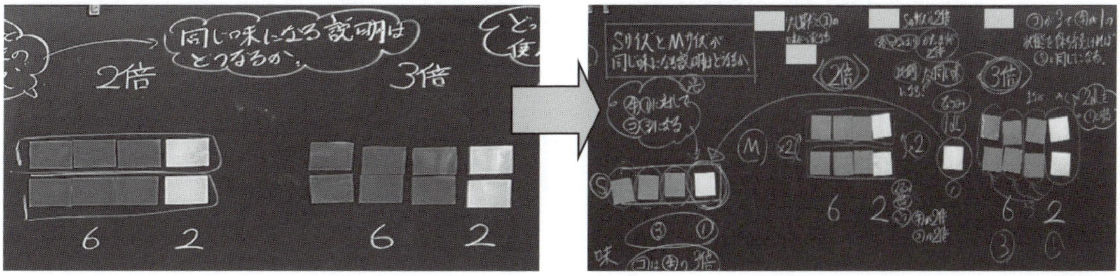

そうすると，Ｍサイズの作り方として板書のように２倍と３倍が出てきます。こうしたズレが生まれたときこそ，「２倍と３倍は，Ｍサイズのコーヒー牛乳の何を表すのか」という数学的な問いがクラスで共有されます。この問いに向かって自由進度学習等の長いスパンの解決を取り入れてもよし，学級みんなで議論してもよし，そこは教師の授業観によります。例えば，「２倍はＳサイズの二つ分で量を増やしている」や，「３倍は，ＳサイズとＭサイズの味で，コーヒーは牛乳に対して３倍の味ということ」のように，それぞれの倍の意味をコーヒーと牛乳を表したカードで操作して確かめれば，量を増やす２倍と，味の３倍を整理することができます。その学びは11月の「比例」や，中学校の「一次関数」につながります。

理科

学習の要所と指導スキル

吉金　佳能

学習内容例

月	学習内容例
4月	燃焼の仕組み（粒子）　9時間 ●ものの燃え方と空気
5月	人の体のつくりと働き（生命）　12時間 ●吸った空気のゆくえ　●血液中にとり入れられた酸素のゆくえ ●食べたもののゆくえ　●臓器の関わり
6月	植物の養分と水の通り道（生命）　5時間 ●植物の成長と日光の関わり ●植物の成長と水の関わり
7月	生物と環境（生命）　9時間 ●食べ物を通した生物同士の関わり　●空気を通した生物同士の関わり ●水を通した生物同士の関わり
9月	水溶液の性質（粒子）　12時間 ●水溶液にとけているもの　●酸性・中性・アルカリ性の水溶液 ●金属をとかす水溶液
10月	月と太陽（地球）　8時間 ●月の形とその変化
11月	土地のつくりと変化（地球）　13時間 ●土地をつくっているもの　●地層のでき方 ●火山活動や地震による土地の変化
12月 1月	てこの規則性（エネルギー）　11時間 ●てこのはたらき
2月	電気の利用（エネルギー）　11時間 ●生活と電気の関わり
3月	地球環境（生命）　7時間 ●地球環境を守るために私たちができること

身につけたい力

理科で身につける資質・能力は，以下の三つに整理されます。

①知識及び技能（自然の事物・現象についての理解／観察・実験に関する基本的技能）
②問題解決の力（６年：より妥当な考えをつくり出す力）
③自然を愛する心情や主体的に問題解決しようとする態度

重要なことは，このすべての言葉の前に「観察・実験などを行い」という言葉が入ることです。理科の学びは「Learning by doing」，つまり「なすことによって学ぶ」が大原則であり，観察や実験といった「実体験」が極めて重要となります。

そうしたなかで，理科で身につけたい力を一つに絞るならば，「問題解決の力」となるでしょう。６年理科では，これまでに身につけた力をフル活用して問題解決を図るような学習を重ね，問題解決の力をさらに伸ばしていくことを目指します。

一人一人のアウトプットを保障する

理科において，何よりも大切なことは「実体験を保障する」ことです。そのうえで，より豊かな実体験とするためには，子ども一人一人のアウトプットを保障することが求められます。理科の学習は，どうしてもグループ学習となりがちです。それは実験器具の数の問題や安全面を考えると仕方のないことです。しかし，そうしたなかにあっても，少しだけ**「個」を意識することで，子ども一人一人の力をより高める授業をつくることができます**。実験はグループで行う場合でも，その前後の「予想」と「考察」は個人で行うことが重要です。

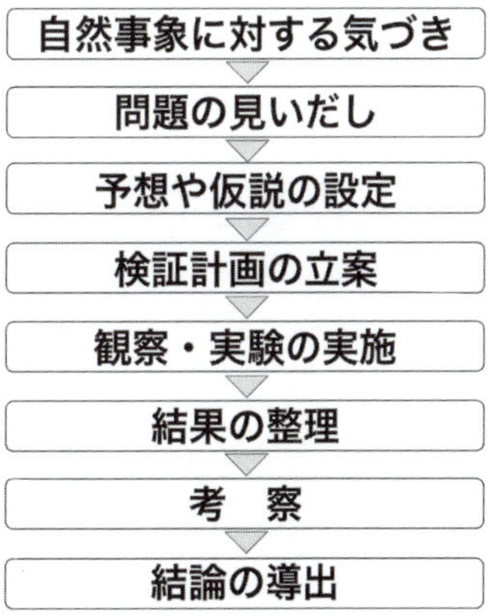

問題解決の流れ

ノートやワークシートに自分の考えを言語化することを習慣にします。体験と思考の言語化の積み重ねで，科学概念は形成されていきます。問題解決の先に描くのは，科学概念の形成なのです。そうして，個のアウトプットを保障したうえで，考えを交流するペアワークやグループワークを取り入れると，個の力はより高まっていきます。

問題解決の力を伸ばす授業設計

理科学習で目指す「問題解決の力」は以下のように整理されます。

- 差異点や共通点をもとに，問題を見いだす力（主に第３学年）
- 既習の内容や生活経験をもとに，根拠のある予想や仮説を発想する力（主に第４学年）
- 予想や仮説をもとに，解決の方法を発想する力（主に第５学年）
- より妥当な考えをつくり出す力（主に第６学年）

６年生で特に伸ばしたい「より妥当な考えをつくり出す力」は，問題解決の学習過程のすべての場面で伸ばしていきますが，特に意識すべきは「考察」場面でしょう。「考察」とは，事実から新たな考えをつくり出す活動であり，問題解決の核となる時間です。

実験結果という事実を正しく読み取り，正しく解釈することを目指します。

そのためには，一つのデータで判断するよりも他のグループのデータも含めて判断する方が望ましいといえます。もっといえば，一つの実験方法より複数の実験方法で確かめた方が，より客観性ある考えとなります。つまり，「より妥当な考えをつくり出す力」を伸ばすには，そういう授業設計になっているかということが重要となります。

まずは，実体験を保障する。次に，一人一人のアウトプットを保障します。

問題解決の力を伸ばすには，そうして**アウトプットされたものを交流し，吟味する時間を保障する**ことも求められます。時間があれば，吟味したものを再実験して検証することで，より深い学びとなるでしょう。

主体性を高めるふり返り指導

前述した「問題解決の流れ」には，一つ書かれていないものがあります。それは，「ふり返り」です。学びをより主体的なものにするためには，学習のふり返りが重要なものとなります。また，ふり返ることでメタ認知を働かせ，その力を高めていくことができます。

❶ 観察・実験の前後でふり返る

いま行っている観察や実験が科学的かどうか，という視点のふり返りです。

理科では，科学的に歩むということが極めて重要となります。科学的というのは「実証性・再現性・客観性」の三つの言葉で表されます。教師の言葉がけがポイントになります。

❷ 授業の終わりにふり返る

授業の最後には，この時間で「何を学んだのか」という視点でふり返ります。

私は，「今日の学び」と題して，毎時間ノートにふり返りを書くように指示をします。「ふり返り」を「考察」と兼ねることもしばしばあります。そのときは，書いてほしい視点を明確にします。課題やめあてを立てたときは，それに正対するように書くことを促します。働かせてほしい理科の見方・考え方があるときは，それを意識化できるような言葉がけをします。

❸ 単元の終わりにふり返る

単元の終わりには，単元を通した学びだけでなく，学び方やかかわり方についてもふり返ります。

できれば，単元のはじめに目指してほしい学びの姿を共有し，それに対してどうであったのかという具体的なふり返りができると，より子どもの学びに向かう力が高まっていきます。ルーブリックを使うのも効果的です。

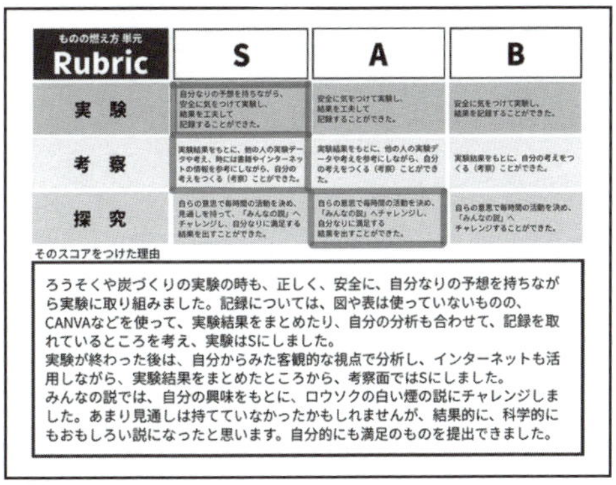

ものの燃え方単元 Rubric	S	A	B
実験	自分なりの予想を持ちながら、安全に気をつけて実験し、結果を工夫して記録することができた。	安全に気をつけて実験し、結果を工夫して記録することができた。	安全に気をつけて実験し、結果を記録することができた。
考察	実験結果をもとに、他の人の実験データや考え、時には書籍やインターネットの情報を参考にしながら、自分の考えをつくる（考察）ことができた。	実験結果をもとに、他の人の実験データや考えを参考にしながら、自分の考えをつくる（考察）ことができた。	実験結果をもとに、自分の考えをつくる（考察）ことができた。
探究	自らの意思で毎時間の活動を決め、見通しを持って、「みんなの説」へチャレンジし、自分なりに満足する結果を出すことができた。	自らの意思で毎時間の活動を決め、「みんなの説」へチャレンジし、自分なりに満足する結果を出すことができた。	自らの意思で毎時間の活動を決め、「みんなの説」へチャレンジすることができた。

そのスコアをつけた理由

ろうそくや炭づくりの実験の時も、正しく、安全に、自分なりの予想を持ちながら実験に取り組みました。記録については、図や表は使っていないものの、CANVAなどを使って、実験結果をまとめたり、自分の分析も合わせて、記録を取れているところを考え、実験はSにしました。
実験が終わった後は、自分からみた客観的な視点で分析し、インターネットも活用しながら、実験結果をまとめたところから、考察面ではSにしました。
みんなの説では、自分の興味をもとに、ロウソクの白い煙の説にチャレンジしました。あまり見通しは持てていなかったかもしれませんが、結果的に、科学的にもおもしろい説になったと思います。自分的にも満足のものを提出できました。

単元末のルーブリックを活用したふり返り

探究への挑戦

最終学年である６年理科には，探究の種がたくさん詰まっています。習得した知識や技能を「活用」し「探究」するような授業づくりにも力を入れていきましょう。

最もイメージしやすいのは，「パフォーマンス課題」です。

例えば，「水溶液の性質」単元には，「謎の水溶液」という有名なパフォーマンス課題があります。見た目は同じ透明な水溶液を数種類用意して，制限時間内に正体を当てるという課題です。これまでに学んだことを生かした学習で，大変盛り上がります。そうした単発のパフォーマンス課題を取り入れつつ，より大きなプロジェクト型の学びにも挑戦してみてはいかがでしょうか。私の学校では，６年生が１年生へ向けて，科学の楽しさを伝える「サイエンスフェスタ」という科学のお祭りを企画運営するプロジェクトや，６年生の最後に「卒業研究」と題して，子ども一人一人が自由研究に取り組み，その成果を発表するようなこともやっています。単元の学びのなかでも，そうしたプロジェクト型の学びは可能です。

例えば，「植物の養分と水の通り道」では，いろいろな植物の気孔や葉脈について調べ，光合成とのかかわりについて研究したり，「土地のつくりと変化」では，校庭の崖や地面を掘り，出てくる土の粒子の違いについて研究してまとめたりすることもできます。また，「生物と環境」は，教科横断型の学びをつくりやすい単元です。学校の環境や地域の特性を生かしたオリジナルのプロジェクトをつくり，探究への一歩を踏み出していきましょう。

探究とは，自己選択・自己決定ある学びのことです。そうした意思決定の連続が，子どもを大きく成長させます。理科では実体験が大切と繰り返し書いてきましたが，意思決定を伴う実体験をつくることを意識すると，より深い学びをつくることができるようになります。

【参考文献】 ●吉金佳能著『小学校理科　探究的な学びのつくり方』明治図書

学級づくりのポイント
授業づくりのポイント

音楽

学習の要所と指導スキル

按田　菫花

学習内容例

月	学習内容例
4月	●歌うことを楽しもう ●音で友達とつながろう「リコーダーで伝えまShow」（授業開き）
5月	●運動会の応援歌　～エールの心を伝える歌～ ●クラシック音楽を鑑賞しよう
6月	●リコーダーで二重奏しよう ●ボイスアンサンブルをしよう
7月	●タブレット＆けんばんハーモニカでせんりつづくりをしよう（ICT活用） ●短調のひびきを味わおう
9月	●せんりつをつなげてクラスの歌をつくろう ●（学習発表会に向けて）合奏・合唱　～自分の役割を感じて演奏しよう～
10月	●（学習発表会に向けて）合奏・合唱　～音の重なりを楽しんで演奏しよう～ ●ジャズとクラシック音楽を知ろう
11月	●（学習発表会に向けて）合奏・合唱　～豊かな表現を求めて演奏しよう～ ●じゅんかんコードから音楽をつくろう（ICT活用）
12月	●日本の音楽＆日本の楽器を知ろう ●琴に挑戦しよう
1月	●アンサンブルを楽しもう ●校歌を知ろう（作詞家・作曲家・詞に込められた思いなど調べる）
2月	●あじわって聴こう「ふるさと」「家路」「さようなら」「別れの曲」など ●思いを込めて「卒業式の歌」を歌おう
3月	●いままで演奏した曲を振り返ろう ～1年生の頃からの思い出の曲メドレー♪～

身につけたい力

波打つ海を目の前にしたとき，社会科を学んでいれば，この海の先にある国を想像することができるでしょう。理科を学んでいれば，天候の変化や海に住む生物に関心を寄せるかもしれません。では音楽を学んでいたら…？

波の音に耳を澄まして心地よさを感じる，海を連想する曲を思い出す，ぽっと素敵なメロディーを思い浮かべることができます。ここでは海を例にしましたが，日常の様々な物事に対して，音楽を学んだ経験があれば音楽的な見方や考え方ができるでしょう。

一つのものに対して何を感じるかは，経験や知識から生み出されます。多面的な見方ができることは，その人の世界を広げるものだと私は考えます。

学習指導要領解説音楽編（平成29年告示）において，音楽科の目標は「音楽的な見方・考え方を働かせ，生活や社会の中の音や音楽と豊かに関わる資質・能力を…育成すること」とあります。６年生の学習では，いろいろな時代・国・ジャンルの音楽に触れたり，表現したりする題材が設けられています。物事に対して音楽的な見方・考え方が育つような経験や知識をこの一年間で蓄えましょう。

息を制する者はリコーダーを制す

リコーダーは，正しい運指で吹いても思い通りの音が出ないことがあります。音が裏返ったり，不安定な音色になったりするときは**息の使い方**を指導しましょう。

具体的にイメージしやすいように，動作化します。

T：口元に手を当てます。冷たい手を温めるように，息を吐いてみましょう。次に，熱いものを冷ますように息を吐きます。

この動きから，息の温度とスピードを比べます。何度か繰り返して，口元の力み，口のなかの広さも意識してみましょう。息の使い方の違いを意識しながら，様々な音を出してみると，低い音が太く，高い音が裏返らずになっていくはずです。

	息の温度	息のスピード	口元の筋肉	口のなかの広さ
低音	温かい	ゆっくり	緩む	広がる
高音	冷たい	速い	しまる	狭くなる

それでも悩みが解消しないときは，いろいろな息の向きを自分で試してみます。斜め上，斜め下，真下など微調整して美しい響きを探しましょう。

苦手な子にとっては，音孔をきちんと押さえて正しい指使いをするだけでも難しいでしょう。

中学年の教科書で扱う楽曲は，「正しく押さえる」ことができていれば，演奏できるものが多いです。しかし，高学年になると，サミングを多用したり音域が広がったりして，「正しく押さえる」だけではうまくいかない曲が増えてきます。苦手な子も少しずつ息の使い方をマスターして，演奏の幅を広げていってほしいと思います。

「ものまね発声練習」で表情豊かに

子どもはものまねが大好きです。発声練習で取り入れたいのが様々な「声真似」です。「ぼくミッキー！」や「うらめしや～」といった響きのある頭声の練習はご存じの先生も多いでしょう。これらに加えて，あのネコ型ロボットの声や国民的ヴィランの「は～ひふ～へほ～！」など，普段あまり出さないしゃがれ声も出してみます。そのときに流行っているキャラクターやギャグなどを取り入れるのもおすすめです。きれいな歌声を出す練習だけをするのではなく，いろいろな声色を変えて発声するのです。どんな声が歌声にふさわしいか，どんな声の出し方が一番響くかなど比べることができます。

また，おなかを抱えて笑う，声を出して泣く真似も表現や表情の練習になります。なんだか演技指導のようですが，これらを合唱前に一通りやることでぐんと表情豊かに歌えて効果的です。恥ずかしがらず声を出すことによって，安心して声を出せる空間づくりにもつながります。慣れてきたら，先生の腕を上げ下げして声のボリュームを操作します。手を下げた状態を0，上げた状態を10として，発声練習をすると，強弱の練習と指揮者を見る練習になります。

インプット＆アウトプットで身につく「学習用語」

教科書の後ろの方に，音楽記号や音楽に関係する様々な用語がまとめられています。これらの学習用語を身につけさせるために，まずは読み方や意味を「インプット」しましょう。

次のような活動をします。

①教科書の音楽用語がまとめられたページを開く。
②起立して指定した範囲の言葉を１分間，音読する。
（「シャープ，半音高く。フラット，半音低く。…」「問いと答え，反復，旋律…」）
③１周読めた人は座る。時間内は２周目，３周目と音読を繰り返す。

わずか１分間，このような活動を毎時間繰り返します。何周も読んだ子や，用語を覚えた子へのリアクションを大きくするなど，やる気が向上する声かけをします。これにより，題材ごとに押さえたい「要素」や「共通事項」も，指導しやすくなります。

さらに，知識を「アウトプット」することで，自分の言葉として蓄えることができるでしょう。学習用語を使ったやり取りを促すことで，しだいに言葉や感覚が身についてきます。これは見方・考え方を広げるうえでも重要です。

音価や拍子の数え方には算数的な思考が必要です。楽典用語の多くはイタリア語を使います。こうしたところから，歌唱や演奏は得意ではないと言っていたあの子が，音楽に興味をもつきっかけになるかもしれません。

★これも「音楽」？　概念を崩そう

６年生になると，歌を歌ったり楽器を演奏したりすることに抵抗を感じている子がいるかもしれません。まずは，何も持たずみんなで校内のどこかへ移動してみましょう。体育館へ続く通路，校庭の一角，ベランダ…できるだけたくさん音が聞こえる場所に行き，心静かに集中して耳を澄ますと，どこかから笑い声や話し声，ホイッスルの音，風の音，雨の音など，いろいろな音が聞こえてきます。

ここで聞こえてきた「環境音」も音楽の一つ。学校でサウンドスケープ（音風景）を楽しみ，味わい，「どんな音が聞こえた？」と挙げていくだけでも，たくさんの気づきがあるはずです。音楽が苦手だと思っている子も，実は毎日たくさんの「音楽」に触れて生活しています。

「環境音」という概念については，高学年になると理解できるようです。これまで「音楽」と思っていたものだけではなく，身の回りの音すべてが「音楽」の一部になっているということを知ると，きっと世界が広がります。２回目は，それぞれ好きな場所に移動してサウンドスケープを楽しむのもよいでしょう。各自でお気に入りの「音風景」を録画・録音して持ち寄り，紹介し合うのも素敵ですね。

映像から「どんな音が聞こえてくるだろう」と想像をめぐらせてみるのもおもしろいです。あらためて「音を楽しむ時間」をつくって，これまでの音楽の概念を崩してみてください。

図画工作

学習の要所と指導スキル

梅津　晴季

学習内容例

月	学習内容例
4月	・紙が奏でる形と色のハーモニー ・絵のお話で プレゼント
5月	・いつもの学校が変身 ・ゆらめきファンタジーワールド
6月	・すかして重ねて わたしの光 ・心も動き出すからくリンク
7月	・不思議なとびらのむこうには ・わたしのお気に入りの場所
9月	・わたしの二つの気持ち ・見て感じて わたしの表現に
10月	・形の中に入ってみると ・ねん土の板から生み出す形
11月	・墨の達人 ・墨や筆の技 水墨画の世界へ
12月	・金属と木でチャレンジ ・ためして刷って広がる思い
1月	・白くなったら見える世界
2月	・わたしはデザイナー 12さいの力で
3月	・ドリームカンパニー

身につけたい力

小学校において，似たような作品が立ち並ぶ教室風景や，見栄えのよい作品が称賛される傾向が往々にしてあります。しかし，図画工作科は優れた作品を創造することが目的ではありません。「表現及び鑑賞の活動を通して，造形的な見方・考え方を働かせ，生活や社会の中の形や色などと豊かに関わる資質・能力を育成すること」が目標です。表現や鑑賞などの活動を通して，形や色などに能動的に目を向けて，生活や社会のなかで形や色などと豊かにかかわっていく姿勢が大切です。題材を通して子どもにどのような資質・能力を身につけさせたいかを教師自身が見失わないようにしましょう。また，目の前の作品や表現に対して，「形や色」などの造形的な視点で捉えさせ，自分のイメージをもつことも大切です。「自分のイメージをもつ力」，言い換えれば「意味や価値を見出す力」は，作品に対してだけではなく，目の前の様々な事象にも発揮されていきます。「小学校学習指導要領（平成29年告示）解説　図画工作編」の一節には，「主体的に表現したり鑑賞したりする活動に取り組み，つくりだす喜びを味わうとともに，形や色などに関わり楽しく豊かな生活を創造しようとする態度を養う」とあります。表現や鑑賞の活動を通して身につけた資質・能力を生かして，自らの生活を楽しく豊かにしようとする姿が高学年ではより強く求められています。

材料との出合い＝試しの時間

失敗を恐れて描くことに対して消極的になってしまう子や，やりたいことが思いつかずただぼーっと時間を過ごしてしまう子が，クラスにいることでしょう。題材の導入として，「試しの時間」を単元計画のなかに組み込むことをおすすめします。主題や構図をどうしようかなどは考えずに，まずは材料や道具にたくさん触れてみましょう。いろいろなやり方を試すなかで，自分がやりたい表現や主題などが徐々に浮かび上がってきます。イメージデッサンをする際には，Ａ４コピー用紙の裏紙などを十分に用意し，躊躇なく描くことのできる環境を整えます。木版画では，板の裏面（使わない面）を用いて様々な彫り方を試させるといいでしょう。「失敗させない」指導ではなく，「小さな失敗をたくさん経験させる」指導もまた大切です。

豊富な道具類×自己決定

全員になるべく多くの道具類や素材，表現方法に触れてほしいと考えています。偏りが生じないよう，必要な道具は各机ごとに分けて配付します。多めに準備した道具類は中央テーブルに配置しましょう。班で足りなくなったらここから借りていき，使い終わったら元の場所に戻します。各机ごとの道具類はお盆やトレーなどにまとめておくと，後片づけもしやすいです。

各班用道具セット

中央テーブル用共有道具

いろいろなキャンバス×自己決定

みんなが取りやすい動線を考え，中央テーブルに紙を数種類ストックしておきます。長方形や正方形，形や大きさも複数種類準備しておくと表現の幅が広がります。縦，横，斜めなど，様々な向きの作品が生まれやすくなります。自己決定が表現の幅を広げる鍵です。

見合う×ハンギング乾燥ゾーン

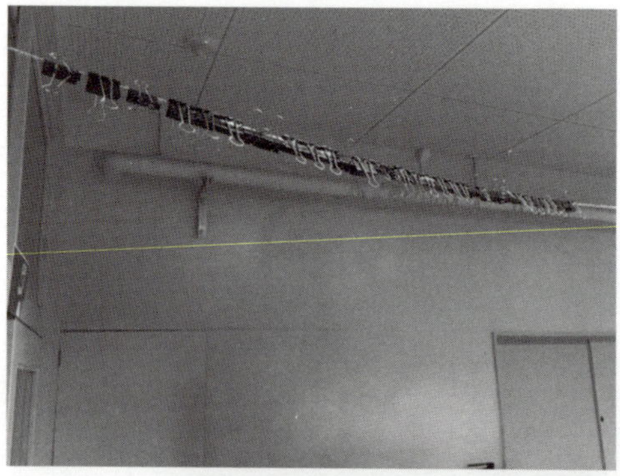

ハンギングゾーンです。乾燥スペースとしてだけではなく，児童同士の「見合う」を促進させ，自然と鑑賞しながらの制作につながります。「表現と鑑賞の往還」が，図画工作科の肝です。活動の途中で手を止めさせて中間鑑賞を行う方法もありますが，鑑賞を挟まず，制作に没頭したい児童もなかにはいるでしょう。目の高さに作品が掲示してあれば，自然と目に入ります。毛筆用のダブルクリップを使えば，掲示量は何倍にもなります。

ダイナミックゾーン

大胆に描いてよいスペースです。場が広いと表現も自然とダイナミックになります。汚れを気にする児童は，汚れても大丈夫なように，体育着やエプロンを着用するといいでしょう。

鑑賞活動のポイント

❶確証バイアスを回避する

人は作品を見るときに，「誰が描いたか」「作品名は何か」「作品名からすると絵の中身は概ねこんな感じだろう」などといった先入観にとらわれています。

児童が互いの作品を鑑賞し合うときも同様です。「誰が描いたか」「題名は何か」「どんな思いで描いたのか」があることによって，鑑賞者は無意識のうちに自分の感性で作品と向き合うことにブレーキをかけてしまいます。それらの先行情報がなければ，「この色使いをするということは，筆者はうきうきした気持ちで描いたのだろう…」「この力強いタッチや絵の具のかすれ具合，作者が勢いよく描いたということは…」といったように，鑑賞者は自然と「自分の見方・考え方」を働かせることになります。まずは自分の感性で作品と向き合い，そのうえで作者の思いに触れる，こういった鑑賞を積み重ねていくことで，児童の感性は少しずつ磨かれていくことでしょう。

❷「どこからそう思う？」「そこからどう思う？」

「鑑賞はあまり好きじゃない」「鑑賞は難しい」と捉える児童は少なくありません。その原因の一つとして，「どこをどう見ればいいかわからない」といった理由が挙げられます。では，作品を鑑賞する際にどのような視点を児童に示せばよいのでしょうか。

一つ目は，「どこからそう思う？」という視点です。児童の感覚的な気づきをスタートとして，その根拠となる描写（形や色）に目を向けさせ，紐づけていきます。

<児童が作品と向き合う際の視点>

どこからそう思う？

そこからどう思う？

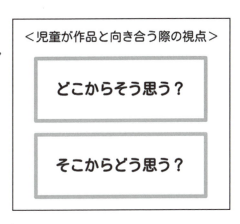

二つ目は，「そこからどう思う？」という視点です。形や色などの客観的事実（描写）から，鑑賞者が率直にどのように感じたか，自分自身に問いかけます。このように，「感覚的な気づき」と「根拠となる客観的事実（描写）」の橋渡しを自分のなかで繰り返すことによって，作品に対する見方・感じ方を広げ深めることにつながると考えます。図画工作科においては，自己との対話，作品との対話を繰り返し，児童の豊かな創造性を育んでいきたいです。

【参考文献】
●阿部宏行文・絵『なるほど！そうか！学習指導要領　新・図工の ABC』日本文教出版
●末永幸歩著『「自分だけの答え」が見つかる 13歳からのアート思考』ダイヤモンド社

家庭

学習の要所と指導スキル

菊地　南央

学習内容例

月	学習内容例
4月	・1日の生活時間を見直し，有効な使い方を考えよう。 ・自分が大切にしたい時間や1日の生活時間が分かるポスターを書こう。
5月	・毎日の朝食のとり方をふり返り，よりよくする方法を考えよう。 ・給食の栄養バランスを調べ，栄養素ごとに食品を表に整理しよう。
6月	・いためる調理で朝食のおかずを作ろう。 ・朝食の学習を生かし，家族のために朝食にぴったりのおかずを考えよう。
7月	・夏の特徴を知り，快適に過ごす方法を考えよう。 ・洗濯の方法を知り，手洗いでの洗濯ができるようになろう。
9月	・身の回りにある布製品を観察し，目的に合わせた製品の特徴を調べよう。 ・目的に合った布作品の製作計画を立てよう。
10月	・計画に沿って布製品を作ろう。
11月	・製作を通して学んだことを生かして，生活を豊かにする工夫を考えよう。 ・1食分の献立を立てるうえで，工夫できることを考えよう。
12月	・主食に合った主菜と副菜の調理計画を立てて，調理しよう。 ・家族や親しい人と食事をよりよくするための工夫を考えよう。
1月	・冬の特徴を知り，安全で快適に過ごす工夫を調べよう。
2月	・【実験】重ね着の効果を確かめよう。 ・自然を生かし，エネルギーを節約して過ごす方法を考えよう。
3月	・家族や地域の人との関わり方を見直し，自分にできることを考えよう。 ・家庭科の学習をふり返り，地域や家庭をよりよくする工夫を考えよう。

身につけたい力

❶ 目指すのは「よりよく家庭生活を送る力」

家庭科という教科は，その名の通り「家庭生活」を取り扱う教科です。家庭生活は，個人的なものであり，児童一人一人の現状も大きく異なります。そのため，いわゆる教科書のような「正しい家庭生活」を一様に目指していく目標を設定すると，諦めや無力感を生じさせる可能性があります。そこで大切なのは，自分の現状を率直に見つめ直し，少しでも「よりよく家庭生活」を送ることができるように学習を進めていくことです。この「よりよく」という考え方は，大人になっても，自分の家庭生活に理想や美意識を反映させていく原動力になり，生涯にわたる家庭生活の改善につながっていきます。

❷「自分のことは自分で」から「自分にできることを家庭や社会で」へ

５年生の家庭科は，家族の一員として家庭生活の第一歩を踏み出すための学習です。そのため，５年生の学習で大切な視点は「自分の身の回りのことを自分でできるように」することだということができます。６年生の家庭科では，自分の身の回りから少し視野を広げ，家庭や社会とのかかわりのなかで自らの家庭生活を見つめ直すようになります。家庭での実践課題を設定したり，授業で社会課題を取り扱ったりすることで，自分の力が家庭や社会によい影響を生む実感をもたせていけるようにしましょう。

〈基本〉段取り八分で，活動中心の授業をつくる

読者のみなさんは「段取り八分，仕事二分」という言葉をご存じですか。私は，福島県の小さな農村に生まれて，子どものころから家族と一緒に農作業をして育ちました。そのなかで，祖父や父がよく口にしていたのが，この「段取り八分」という言葉。つまり，本番の前にきちんと計画と準備をすれば，仕事全体の八割は完了するということです。

家庭科の指導を充実させるポイントを一言で表すならば，これに尽きると考えています。家庭科を充実させるためには，実習・実験・体験などの「活動」を各単元や１時間の授業の中心に据える必要があります。これらの活動を授業の中心に据えるためには，事前の計画と準備が必須です。ここをていねいに取り組めば，授業の八割は完了するといっても過言ではありません。では，どのような事前の計画と準備が授業の充実につながるのでしょうか。ここでは，計画と準備を進めるコツとして，三つ紹介します。

一つ目は，「現状把握→活動→ふり返り」のフレームで授業を構想するということです。家庭生活を題材にした教科である家庭科は，調理や裁縫，洗濯や掃除といった生活場面を想定した学習となります。それら生活場面の学びを準備するには，今の生活を見つめ直して工夫を考

え，活動して，ふり返る。このフレームを繰り返すという考えを，授業づくりの基盤にします。
二つ目は，活動のめあてと条件を明確にするということです。先述した授業のフレームを機能させるため，以下のように活動の目的と条件を示します。

【めあて】お湯の温度の下がり具合を比べて，重ね着の効果を説明しよう。
① HOT 用のペットボトルに60℃のお湯を200ml ずつ入れて，しっかりキャップを閉める。
② A は半袖の運動着で包む。B は半袖と長袖の運動着で包む。C は半袖と長袖の運動着にダウンジャケットで包む。
③A，B，Cを一斉にベランダに出し，５分後にお湯の温度を測る。
【準備物】半袖の運動着３枚，長袖の運動着２枚，ダウンジャケット１枚，HOT 用のペットボトル３本，温度計３本（お湯は先生が準備します）

これを，ワークシートやスライドなど視覚情報として提示します。口頭での説明を最小限にすることで，活動時間を確保します。この実験の後，体温の低下が身体に及ぼす影響を調べることで，授業のねらいに迫ることができます。
三つ目が，教師用指導書を活用して見落としを防ぐということです。この項をお読みのあなたは，家庭科の授業を充実させるために努力できる方です。そんなあなたに，ぜひ読んでもらいたいもの。それが，指導書です。指導書には，安全で正確な実習のために，的確な情報が詰まっています。活動中心の授業を計画し，指導書で確認しながら準備すれば，もう怖いものなしです。面倒くさがらず，指導書を使い倒してください。

〈発展〉教科横断・出前授業・「旬」を逃さない

ここからは，家庭科授業のより一層の充実を図るためにチャレンジしたい三つのことを紹介します。まず一つ目が，教科横断的な単元づくりです。６年生家庭科の標準時数は，年間55時間しかありません。しかし，日常生活との関連が強いという家庭科の特徴は，教科横断的な単元づくりに最適です。私は過去に，家庭科と国語科と総合的な学習の時間の合科で「ハッピーベジタブルプロジェクト」という単元に取り組みました。地元のピーマンを収穫し，肉厚で甘みのある特徴を生かしたレシピ開発をして，地元飲食店で提供するというものです（詳細は東京書籍，令和６年度版「新しい家庭５・６」129ページをご覧ください）。この単元では，ポスターを書いたりプレゼンテーションをしたりする活動は国語科で，広報や接客は総合的な学習の時間で，調理やレシピ開発は家庭科で，それぞれ授業を行

農家さんの思いをお客さんに紹介

いました。各教科の強みをかけ合わせることで，児童の達成感をより高めることができます。

二つ目が，出前授業や地域の大人と協働する授業づくりです。６年生の家庭科は，視点が「自分」から「家庭や社会」に移っていくということを先述しました。ですので，実際に家庭や社会で生活する大人を間近に見て，本物に触れる学びをつくりたいものです。特に飲食業界には，食育や地産地消に熱心な方が多くいらっしゃいます。そうした方と一緒に授業をつくれるよう，積極的に声をかけてみましょう。地域の大人と協働して授業をつくるコツは，授業の課題として，地域や実社会における課題（いわゆる社会課題）を取り上げることです。子どもたちと地域の大人が「地産地消を進めるための取り組みをしよう」という，共通の目標で活動でき，大人側としても取り組む意義が生まれるからです。またゲストティーチャーは，企業や民間団体だけでなく，保護者や同僚にお願いすることもできます。お菓子作りが趣味の同僚がいたら，大チャンスです。

シェフと地元産豆腐を使ったレシピ開発

食育モンスターカードゲームの開発

三つ目は，自分の暮らしている土地の季節に合わせた授業を行うことです。家庭生活は，季節と密接に結びついています。季節ごとに異なる気候のなかでの暮らしや，「旬」の食材を生かした料理など，豊かな家庭生活は季節を味わうことそのものといってもいいでしょう。幸い，多くの家庭科教科書は季節を意識した単元配列になっています。しかしながら，地域によって気候の特色は異なりますし，食材の旬についても若干のズレが生じます。特に，調理実習において取り扱う野菜は，ぜひ地元産を取り扱いたいものです。そうした視点から，実践される地域における「旬」を逃さないよう，カリキュラムの調整を行うとよいでしょう。私は毎年４月に，全教科の年間指導計画をＡ３用紙１枚に貼り合わせ，手書きで年間を通したカリキュラム調整表を作っています。手軽で見やすく，おすすめです。

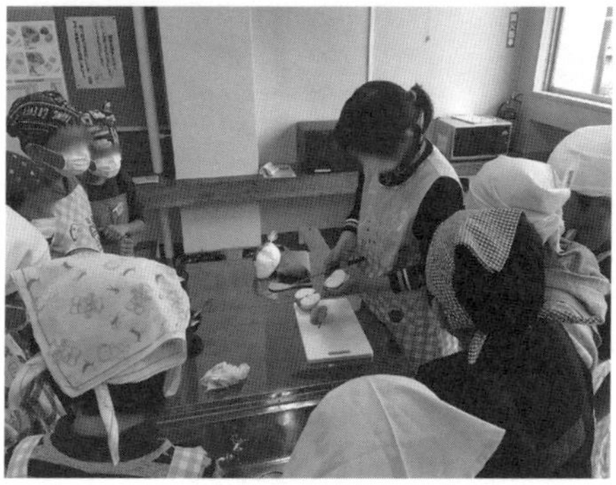
お菓子作りが趣味の先生とアップルパイ作り

【参考文献】

●岸田蘭子著『先生も子どもも楽しくなる小学校家庭科』ミネルヴァ書房

体育

学習の要所と指導スキル

久保木　靖

★学習内容例

月	学習内容例
4月	●体ほぐしの運動 ●短距離走・リレー
5月	●ソフトボール投げ ●表現（運動会の練習を含む）
6月	●新体力テスト ●水泳 ●マット運動
7月	●水泳（着衣水泳を含む） ●マット運動
9月	●保健領域の学習 ●ベースボール型
10月	●跳び箱運動 ●鉄棒運動
11月	●ハードル走 ●ネット型（ソフトバレーボール）
12月	●体の柔らかさを高める運動 ●巧みな動きを高める運動
1月	●走り高跳び ●保健領域の学習
2月	●ゴール型（バスケットボール） ●フォークダンス
3月	●ゴール型（タグラグビー）

※運動会の時期によって表現の実施時期に違いがあったり，５年生の学習内容との関連で上記の種目をしなかったりする場合もあります。

身につけたい力

❶たくさんの運動感覚

小学生の多くの時期は「運動におけるゴールデンエイジ（今後の運動能力に大きく影響する時期）」にあたります。体育の学習では様々な運動を経験します。体をできるだけ前方に進める（短距離走など），体を回転させる（マット運動やベースボール型など），ボールが来そうな場所を予想して移動する（ゴール型やネット型など），脱力する（鉄棒運動や水泳など）など，これら以外にもたくさんあります。

特に６年生では体の発達により，瞬発力や筋持久力が５年生までと比べて増しているケースもよく見られます。今までできなかった運動ができるようになり，新たな運動感覚を身につけるチャンスでもあります。将来子どもたちが大人になっていき，どんなスポーツをするかをすべて予想することはできません。特定の内容や種目だけがよくできるのではなく，様々なものに挑戦してたくさんの運動感覚が身につくような学習をしていきましょう。

将来自分のしてみたいスポーツなどが見つかった際に，身につけた運動感覚がそのスポーツに役立ったという話も多くあります。

❷「運動って楽しい」と思う気持ち

「小学校学習指導要領（平成29年告示）解説　体育編」の目標の一節には，「（前略）生涯にわたって心身の健康を保持増進し豊かなスポーツライフを実現するため～」とあります。子どもたちは小学校を卒業しても，中学校や高校などで保健体育としての学習は続けていきます。また，部活動や地域のスポーツクラブで運動を続けていく子どもたちもいます。

安易な表現ではありますが，「楽しいと思って運動をすること」が目標の実現に向けて大切になってきます。前述のように６年生となると体の発達で，できるようになることが増える子どもたちがいる一方で，自分の「できない」を認識して「運動嫌い」になる子どもたちもいます。だからこそ，学習過程や単元の構成に工夫が必要になってきます。我々はトップアスリートを育てることに特化しているわけではありません。多くの子どもたちが学習を通して，「運動って楽しい」と思える気持ちを育てることは，運動の二極化が騒がれている今，とても大切なことなのではないでしょうか。「できる楽しさ」「友達と一緒に取り組む楽しさ」「これならおもしろそうと思う楽しさ」など，それぞれに合った楽しさを見つけられるようにしていきましょう。

ミニマムを決める

理想としては学習指導要領の解説に記載されていることがすべてできるようになることです。

しかしながら，現実には難しいことが多いです。私自身もマット運動や跳び箱運動として記載されているものをすべてはできません。そこで，「ひとまず卒業までに，ここまではできるようになってほしいこと＝ミニマム」を考えていきます。

現在の勤務している自治体では，体育の学習におけるミニマムを自治体全体で設定しています。一例ですが，

- 壁倒立が10秒できる。
- 二重跳びが10回できる。

などです。自治体や学校として決めることも大切ですが，可能であれば，児童と一緒に決めるということもよいと思います。ミニマムを設定する際はできるだけ具体的なものにします。

(例)

- ドッジボール大のボールを８ｍ投げることができる。
- リレーの際に，３ｍ以上リード（助走）をしてバトンを受け取ることができる。
- 走り高跳びの際に，自分の身長からマイナス50cmのバー（ゴム紐）を跳ぶことができる。

ミニマムを設定することで，運動が苦手な児童も「ここまではがんばってみる」となります。ミニマムを達成したら大いに褒め，次のステップ（課題）に挑戦できるように励ましていきましょう。

簡易化したルールを子どもたちと一緒に

簡易化することで，多くの子どもたちがより楽しく参加することができ，学習の目標に近づくことができます。また，［授業開き］体育にも書きましたが，「自分たちでできることはやろうとする」のが６年生としてのよい姿です。子どもたちと一緒に簡易化したルールを決めていきます。自分たちで決めたルールだからこそ，大切に守っていくことでしょう。

しかし，体育やスポーツの観点からずれてしまうルールの設定には十分に気をつけて，子どもたちに助言していきましょう。例として，タグラグビーで前にいる味方へのパスの許可，ベースボール型でファウルグラウンドに打ってもゲームを継続するなどはそれぞれの競技の特性からずれてしまいます。しっかりと理由を説明したうえで，ルールを決めていきましょう。

中学校の内容を「少しだけ」意識する

中学校の保健体育ではどのような内容を行っているかを少し意識して，学習を計画してみましょう。例えば，小学校の体育の水泳運動では，速さは技能の大きなポイントになっていませんが，「中学校学習指導要領（平成29年告示）解説　保健体育編」を見てみると，第１学年及び第２学年の水泳のクロールでは「(前略）速く泳ぐこと」となっています。そこで，６年生

の水泳運動の学習のなかでストップウォッチを使ってタイムを計測し合うなど，中学校の内容を少しだけ意識して行うことで，中学生になった際に安心して学習に取り組むことができるかもしれません。他の学習内容でも，

- ハードル走では距離が小学校高学年「40～50m」から中学校１・２年「50～80m」となります。中学生体験ゾーンなどを設置して，距離や台数を増やしたハードル走を行います。
- ベースボール型では，グラブの使い方が入ってきます。単元の最後は守備側にグラブを着用させてゲームをしてみることで，おもしろさや難しさに気づくことができます。

しかしながら，我々の目の前にいるのは小学６年生の子どもたちです。小学１～５年生で学んだこととの系統性を意識したうえで，取り組んでみましょう。

★ できないことを焦らない

体育は「できる」「できない」がはっきりと出やすいものです。私自身，なぜあの子は〇〇ができないのだと悩むことも多いです。中学校にこのまま入学して大丈夫かと考えたこともあります。「６年生なのになぜ？」とできないことに対して焦ってしまい，指導を厳しくしすぎて，子どもたちとの関係性や学級の雰囲気が悪くなってしまったということも他人事ではありません。

もちろん，子どもたちが様々な運動をできるようにするための指導技術や知識，場の設定などを学び続けることは我々の使命です。それでも，様々な要因があってできない子どもたちもいることは事実です。

子どもたちは６年生が「運動のゴール」ではありません。６年生でできなかったことがいつかできるようになるケースはたくさんあります。私も鉄棒の逆上がりは高校の野球部の練習中のふとしたときにできました。「今日，人生で初めて逆上がりができました」とその場で監督に報告したものでした（笑）。

今はできなくてもいつかできるようになるかもしれないと，子どもたちを信じて学習を考えていきましょう。その営みが，「運動って楽しい」と思う気持ちを育てることにつながります。

【参考文献】
- 宇都宮市教育委員会『うつのみや元気っ子運動プログラム集』

外国語

学習の要所と指導スキル

佐藤秀太郎

学習内容例

月	学習内容例
4月	●自分の好きなものや宝物について紹介し合おう。
5月	●日常生活でしていることを伝え合おう。
6月	●週末にしたことを伝え合おう。
7月	●最近の心に残っているできごとを紹介し合おう。
9月	●世界の行きたい国について調べ，友達に興味をもってもらおう。
10月	●日本と世界のつながりを考え，ALT に紹介しよう。
11月	●地球に住む生き物のために自分たちができることを発表し合おう。
12月	●地球が抱える問題を調べ，地球を守るためにできることについて発表しよう。
1月	●６年間を振り返り，小学校の一番の思い出を伝え合おう。
2月	●中学校生活や将来の夢など，「自分の未来」について伝え合おう。
3月	●１年間の学習を振り返ろう。

身につけたい力

小学校学習指導要領では，外国語科の「思考力，判断力，表現力等」の目標が以下のように示されています。

> コミュニケーションを行う目的や場面，状況などに応じて，身近で簡単な事柄について，聞いたり話したりするとともに，音声で十分に慣れ親しんだ外国語の語彙や基本的な表現を推測しながら読んだり，語順を意識しながら書いたりして，自分の考えや気持ちなどを伝え合うことができる基礎的な力を養う。

上記の目標のなかに，「コミュニケーションを行う目的や場面，状況などに応じて」という文言が記されています。つまり，ただ外国語を使えばいいのではなく，今自分が置かれている場面を考えながら，その状況に適した外国語を使う力を児童に身につける必要があります。その過程で児童が自ら手段を選択し，行使することが真のコミュニケーションにつながります。毎時間の授業のなかでは様々なコミュニケーション活動を設定しますが，教師側がしっかりと活動の目的と手段を考えて行わないと，目標に示されているようなコミュニケーション能力の基礎は養われません。

では，どうしたら状況判断能力を養うことができるのでしょうか。ここで大切にしてほしいことは「活動のなかに児童が選択し，考える状況をつくる」ということです。例えば，世界の行きたい国について紹介する学習の場合，「自分が行きたい国をALTに紹介し，興味をもってもらう」というゴールを設定します。その場合，後述する外国語を話す必要感に加え，児童は「何を紹介すれば興味をもってもらえるか」「どのように紹介するとより伝わるか」ということを考えなければなりません。自分の思いを伝えるために多くの情報から取捨選択することを繰り返すことで，少しずつ目標に示された思考力や判断力，表現力が身につきます。

常に「自分で考えて選ぶ」ということを行わせながら，状況判断能力や主体性を育てていきましょう。

活動の「必要感」が何より大事

外国語の学習といえば，当然英語（外国語）を使って学習をします。しかし，なかには「別に伝わるのだから日本語で話してもいい」「日本語でも授業は進むのだから，英語を話さなくてもいい」「アプリを使えばすぐわかる」と思う児童もいるでしょう。

そこで，授業をつくる際に意識してほしいことがあります。児童が「外国語を使わないといけない」という「必要感」をもてる授業にすることです。例えば，単元の導入の際に，「日本語のわからないALTに夏休みのできごとを伝える」というゴールを設定するとどうでしょう。ALTに日本語で話しても通じないのだから，必然的に英語で話さなければならなくなります。そうすることで，児童同士で英語を使ってできごとを伝え合うことが最終目的ではなく，ALTに伝えるというゴールに向けての練習という扱いになり，意欲的に活動する姿につながります。他には，発表の練習を行うときにパペットを用いる方法も有効です。パペットを英語話者に見立て，パペットに向かって練習を行うことで，相手意識をもった練習ができます。このときに周りの児童は発表者のスピーチの様子を観察し，気づいたことをアドバイスすることも大切です。双方向のかかわりを通してお互いに新たな視点を発見し，自分の発表に生かすことができます。

それぞれの単元でどうしてわざわざ外国語を扱うのか，外国語を使う「必要感」を学習のなかでいかに児童にもたせられるかによって，児童の学習に対する関心や意欲が大きく変わってきます。授業を考える際は，「必要感」を意識しましょう。

★ 学び始めはとにかく「インプット」

上のイラストを見てください。みなさんは左の女性が何語で何と言っているのかわかりますか？　正解は，フィンランド語で「こんにちは」と挨拶をしています。おそらく，もともとフィンランド語を知らない限り，どのような場面なのかすぐにわかった方は少ないかと思います。

イラストから何を伝えたいのかというと，子どもたちの学習のなかでも同じことが起こっているということです。学習のなかで扱う外国語の単語や表現は，教師自身が学生時代にすでに学習している基本的な表現ばかりです。教師にとっては何てことない簡単な表現かもしれませんが，予備知識がない場合，初めて学習する児童にとってはまったく知識0の状態から始まります。児童にとって，新しい言語や表現に出合うことは「未知との遭遇」なのです。突然意味のわからない語が出てきて，児童のなかで疑問が残ったまま授業が進んでしまうと，どんなに授業を工夫したとしても，腑に落ちないまま活動を行うことになり，児童の学習内容の理解や定着にはつながりません。

では，どうしたらいいのでしょうか。新しい表現を学ぶ際のポイントは，「最初のうちはひたすら表現に慣れ親しむ時間を設定する」ということです。前述した小学校学習指導要領に記載されている外国語科の「思考力，判断力，表現力等」の目標のなかにもある「音声で十分に慣れ親しんだ」という文言からもわかるように，まずは児童のなかで新しい表現の意味や使い方を十分に理解する必要があります。そのためには，教師と ALT による Small talk などを通して会話で使用する例を見せたり，ICT 教材を使って実際の音声を聞かせたりと様々な方法があります。とにかく音声や視覚情報を通して情報をたくさんインプットし，十分に慣れ親しませることが重要です。意味や使い方に慣れ親しんだら，そこからやっと実際にアウトプットしながら理解につなげる段階になります。最初は「どんどん言語を使わせて表現を覚えさせたい」という気持ちをグッと堪え，まずは児童が自信をもって新しい表現を扱えるようにする土台づくりに徹します。十分に慣れ親しんだら，そこで初めてアウトプット中心の活動を行わせ，自分の力となるよう支援しましょう。

★児童の「知的好奇心」と「フィードバック」を大切に

６年生の学習で身につける一番の力は「外国語によるコミュニケーション能力の基礎」です。コミュニケーションとは，「言葉などの伝達手段を通して意思疎通を行うこと」です。自分の思いを伝えるだけでなく，相手の思いを受け取ることで，自分の視野や世界が大きく広がります。自分の将来や可能性を広げるために，そしてこれからのグローバルな社会で活躍するためには，コミュニケーションが必須となるのです。ですが，学級の児童のなかには，人とかかわることが苦手な子も見られます。そんな子にとって，外国語で話さなければならないという条件が加わると，さらにコミュニケーションのハードルが高くなってしまいます。

そこで大切にしてほしいキーワードは「知的好奇心」です。「好きこそものの上手なれ」という言葉があるように，児童の「外国語を使いたい」という気持ちが学習への興味関心を高めます。例えば，活動のなかにゲーム要素を入れたり，それぞれの児童が異なる情報をもつ状態（information gap）にしたりすると，児童の「知りたい」「話したい」という気持ちが高まり，意欲的に活動に取り組みます。また，教師の働きかけとして，児童のコミュニケーションのよい姿を積極的に褒めるというフィードバックも大切にしています。[授業開き] 外国語で触れた「コミュニケーションで意識してほしい五つのポイント」を中心に児童のよい姿を学級全体で称賛・共有し，次のコミュニケーション活動に生かせるようにしていきましょう。

特別の教科　道徳

学習の要所と指導スキル

安彦　俊宏

学習内容例

月	学習内容例
4月	●道徳授業開き（オリエンテーション） 内容は前掲［授業開き］特別の教科　道徳を参照してください。
5月	●現代的課題を扱った授業（内容項目B　相互理解，寛容） 様々な人が使う公共施設での実際のできごとから，相互理解に必要なことを考えます。
6月	●いじめを予防する授業（内容項目C　よりよい学校生活，集団生活の充実） 絵本や音楽を活用して，いじめのないクラスにするための行動を考えます。
7月	●社会で活躍する方から学ぶ授業（内容項目C　公正，公平，社会正義） 弱さは生かすものと様々なイベントを行う方の言動から，公正・公平について学びます。
9月	●生き方を考える授業（内容項目A　希望と勇気，努力と強い意志） 病気から復活したピアニストの姿から，強い意志をもち生きることを学びます。
10月	●担任の伝えたい思いを込めた授業（内容項目D　感動，畏敬の念） 忙しい毎日のなか，大事なことは目の前にあることをあらためて伝える授業です。
11月	●リサイクルについて考える授業（内容項目D　自然愛護） 99%のリサイクル率を誇る会社の仕事から，捨てない社会への思いに迫ります。
12月	●戦争について考える授業（内容項目D　生命の尊さ） 太平洋戦争で起きた悲惨なできごとから，これから自分ができることは何かを考えます。
1月	●子どもの考えを揺さぶる授業（内容項目B　相互理解，寛容） 正しさは立場によって変わることを知り，違いを認め相手を尊重することを学びます。
2月	●東日本大震災を考える授業（内容項目C　伝統と文化の尊重，国や郷土を愛する態度） 東日本大震災で地域のために尽力した人の姿から，郷土を思う気持ちを考えます。
3月	●絵本を活用した授業（内容項目D　よりよく生きる喜び） 家族から贈られた大切なものを知り，生きることのすばらしさについて考えます。

★身につけたい力

道徳の授業で身につけたい力…それは，新たな考えを生み出す力だと考えます。このことについて考えるために，想像と創造というキーワードを挙げて話を進めていきます。

教科書教材の内容を想定して考えてみます。問われたことに対して，ほとんどの子どもは自らの生活経験やこれまで形づくられた価値観をもとに答えることになります。教科書教材の読み物の多くは子どもがその場面を想起しやすいように作成されていることもあり，こうした傾向はより強くなります。[授業開き] の節でもお伝えした通り，自分がどう考えたのかが大切ですから，自分なりに考えたことをまずは承認していきたいところです。ただし，ここで留意しておきたいことは，新たな考えとまでは達していないということです。つまり，教材の場面を読み，想像したことに過ぎないということです。

身につけたい力として目標としたいのは，この先にあります。

発問に答えていくうちに，思考が深まり，これまでになかった認識の変容がもてたり，自分なりの考えをもったのち，友達と交流することで新たな考えに気づけたりすることです。内面にはあるがこれまではっきり言葉として表現できなかったことに気づけたり，視野の広がりによって新たな疑問が生まれたり，そうした新たな自分を発見することです。つまり，想像の先に，創造があるということです。

他の誰でもない自分自身が問いを生み，問いの答えを求める姿勢。これが身につけたい力だと考えています。

★型を知る

「★身につけたい力」として，子ども自身が新しい考えを生むことを挙げました。そのためには，どんなことに気をつけなければならないのでしょうか？　教材を通して何を考えさせるのかが大切なのは言うまでもありません。また，そもそも，子どもが興味関心をもって考える授業にしなくてはならないということもあるでしょう。そのように考えていくと，教材そのものに魅力があること，子どもの思考に沿った授業の構成にすること，思考を広げたり深めたりするために活動や板書を工夫することが考えられます。これらももちろん大切ですが，必要不可欠なのは，子どもに何を問うのか，つまり，発問です。発問は，授業の核であるだけでなく，その発問によって授業が深まったかどうかを決めるといっても過言ではありません。発問が簡単すぎれば思考は深まりませんし，難しすぎれば授業が止まってしまいます。

例えば，教科書の指導書には，テーマに迫るための発問が記載されています。また，授業例も載っています。ただし，これはあくまで一例です。記載の通りに授業をして，子どもの思考が深まるわけではないことは先生方もご承知のことと思います。ただ，そうはいっても，何を聞けばよいか，どのように発問するのがよいのか，悩むことが少なからずあります。

そんなとき，参考になるのが，『道徳教育』編集部編『考え，議論する道徳をつくる新発問パターン大全集』（明治図書）です。この本には，発問の型が50例も掲載されており，教科書教材を活用した実践例も紹介されています。掲載されている発問文例は，様々な教材に汎用することができ，授業づくりをするうえで，非常に参考になる一冊です。

私自身，この発問例をすべてノートの見開きに書き写し，授業づくりの際にすぐに見られるようにして役立てています。

授業における教員の立ち振る舞い

授業づくりの心得についての話をしましたので，次は授業におけるスキルに話題を転じます。ここでは，特に教師の立ち振る舞いを中心にお伝えします。

道徳の授業では，子どもがどう考えるかが授業の鍵ですから，特定の指導事項や重要語句について教えるという場面はありません。つまり，知識を教え込む，伝達するということがないわけです。教材に基づいて，問いかけ，対話して，共有するという場面が多くを占めます。

こうしたとき，教師はどんな立ち振る舞いを心がければいいのでしょうか？　私が大切にしているのは，教師は司会者のような役割になるということです。テーマについての考えを話す子どもたちの司会進行をするイメージです。このようなイメージをもって授業に臨むと，子どものかかわり方にも影響を与えます。子どもの発言を良し悪しで「評価」することが減り，同意・共感・承認が増えます。同意・共感・承認には，そもそも傾聴すること，あたたかく接したり相手を敬ったりする態度が必要です。こうした教師の共感的姿勢は，子どもにもよきモデルとして映るでしょう。

さらにいえば，自分の考えに自信がなかったり，自らの考えが否定的に捉えられることに臆して発言を躊躇してしまっていたりする子どもにも少なからず安心を与えます。自分の考えを気兼ねなく発信していくための安心感を教室につくることができます。

もう一つ加えて，心がけることがあります。それは，ナビゲーターの役割を自覚することです。道徳にはその時間に考えさせたいねらいがあり，それに向かって授業を行います。自分の考えを発表したからといって終わりではありません。子どもの考えを認め，適切に補足したりもっと明確になるように問い返し，授業のねらいに導いていったりする必要があります。

私は，常々，担任の使う言葉や雰囲気が教室の言語環境になりうると感じています。ここで述べた教師の立ち振る舞いは，こうした面でも，道徳の時間だけに限らず，学級経営上大切だと考えています。自分の考えを発言したり交流したりするために安心感のあるクラスづくり，授業づくりをすることは，他者を理解するために必要な資質を育む時間にもなるはずです。

自主開発教材で授業をするということ

「学習内容例」をご覧いただいておわかりかと思いますが，お示しした学習内容例は，教科書掲載の授業ではなく，すべてオリジナルの授業です。

紙幅の都合ではっきりした教材などをお伝えできないのが心苦しいところですが，多様な教材を活用した自主開発教材です。教科書教材ではないことに違和感をもたれた方もいらっしゃると思いますが，学習指導要領解説には，「児童が問題意識をもって多面的・多角的に考えたり，感動を覚えたりするような充実した教材の開発や活用を行うこと」と教材の開発と活用の創意工夫に取り組むことが述べられています。もちろん，教科書は使用義務がありますので，教科書教材も活用します。そうした前提はふまえながら，自主開発した教材で授業をすることにも挑戦してみてはいかがでしょうか。

学習内容例には，自主教材の授業を10本，例示しました。時期や内容にも意図があります。

例えば，時期。いじめを予防する授業を６月に行うことで，６月危機に備えます。それから，東日本大震災を考える授業は２月に設定しました。これは，震災が発生した３月11日より前に行うことで，メディアで取り上げられる時期に報道を意識してほしいと考えました。

例えば，他教科とのかかわり。戦争について考える授業は，社会科との関連です。また，リサイクルの授業は社会科と家庭科の複数の教科との関連もあります。時期と他教科とのかかわりを意識することで，子どもの理解が深まったり，授業後により関心をもって生活したりするようになります。

自主教材の授業がプラスに働くのは，子どもだけではありません。教師側にもよい面が多くあります。

教材選びから始まり，子どもたちに考えさせたい授業の目標を見据えながら，発問を練り，活動を工夫する。授業者の一方的な教え込みにならないよう，説明や指示を簡潔にし，思考する時間を保障する。子どもの興味をひくために，思考が活性化するような資料の提示の仕方を工夫する。こうした授業づくりは，やろうと思わないとなかなかできないものです。

ただ，このような経験は，道徳だけでなく，他の教科にも間違いなく生きてきます。自主開発教材の授業づくりには，授業力向上のエッセンスがぎゅっと詰まっています。

もし，授業力を向上させたいと望んでいるのなら，自主開発教材の授業づくりを強くおすすめします。授業を開発することで，授業力を向上させ，さらには，教師としての力量形成も図ることができるからです。

【執筆者紹介】　＊執筆順

多賀　一郎　教育アドバイザー

鈴木　優太　宮城県公立小学校

五十嵐太一　栃木県宇都宮市立豊郷中央小学校

神林　一平　新潟大学附属長岡小学校

尾形　英亮　宝仙学園小学校

樋口　綾香　大阪府池田市立神田小学校

紺野　　悟　埼玉県戸田市立戸田第一小学校

芳賀　雄大　宮城教育大学附属小学校

吉金　佳能　宝仙学園小学校

按田　董花　聖ウルスラ学院英智小・中学校

梅津　晴季　宮城県公立小学校

菊地　南央　会津若松ザベリオ学園小学校

久保木　靖　宇都宮市立陽光小学校

佐藤秀太郎　宮城県公立小学校

安彦　俊宏　宮城県仙台市立国見小学校

河村　裕晃　宮城県公立小学校

髙橋　恵大　宮城県公立小学校

大内　秀平　シンガポール日本人学校小学部チャンギ校

塚野　駿平　新潟市立新潟小学校

清野　弘平　宮城県公立小学校

村田　祐樹　山梨大学教育学部附属小学校

【編者紹介】

鈴木　優太（すずき　ゆうた）

宮城県公立小学校教諭。「縁太会（えんたかい）」を主宰。著書に『「日常アレンジ」大全』（明治図書），『教室ギア55』（東洋館出版社）がある。『授業力＆学級経営力』（明治図書）や『みんなの教育技術』（小学館）の連載など教育雑誌に執筆多数。

【著者紹介】

チーム・ロケットスタート

学級開き・授業開きや学級づくり・授業づくりに悩むすべての先生を救うため，その道のスペシャリストが集結し，それぞれの英知を伝承すべく組織されたプロジェクトチーム。

〔協力〕多賀一郎

ロケットスタートシリーズ

小学６年の学級づくり＆授業づくり　12か月の仕事術

2025年３月初版第１刷刊　©編　者　鈴　木　優　太
著　者　チーム・ロケットスタート
発行者　藤　原　光　政
発行所　明治図書出版株式会社
http://www.meijitosho.co.jp
（企画）佐藤智恵（校正）武藤亜子
〒114-0023　東京都北区滝野川7-46-1
振替00160-5-151318　電話03(5907)6703
ご注文窓口　電話03(5907)6668

＊検印省略　　組版所　長野印刷商工株式会社

Printed in Japan　ISBN978-4-18-500629-3